中东铁路工业遗产建筑形态与构成研究

莫畏 王新英 / 著

上海人民出版社

本书为国家自然科学基金资助项目
"基于数字化技术的中东铁路工业遗产廊道形态构成与保护模式研究"
阶段性研究成果，项目批准号：52078238

前　言

铁路工业遗产，不单单是指一条静卧的铁轨，主要包括铁路运输及其基础设施，以及用于居住、文化娱乐或卫生教育等和工业相关的社会活动场所。

中东铁路始建于 1897 年，是近代中国东北地区第一条铁路线路，2017 年入选"中国工业遗产保护名录（第一批）"。中东铁路的修筑和运营直接改变了东北地区传统交通运输方式，间接影响着城镇分布格局、城镇街区规划和城市功能属性。中东铁路的修筑与运营，将红砖、水泥、玻璃、金属和混凝土等近代建材与施工技术引入东北建筑领域，并广泛应用于车站站舍、机车库、给水塔、桥梁涵隧、俱乐部、医疗教育等各类型建筑修建中，客观上推动了近代东北建筑发展。出于节约造价、加速工期、统一标准等方面考量，标准化和模块化理念虽然贯穿着中东铁路设计和施工过程，但是仍展现出俄罗斯传统建筑风格、新艺术运动风格、折中主义风格等多种建筑风格，在建筑形态和构成等方面也表现出中西建筑文化融合碰撞的痕迹。此外，中东铁路工业遗产作为典型功能延续着的"活的遗产"，相当数量的遗产建筑仍维持着百余年前的初始功能，服务于当今的交通运输及相关社会活动，承载着真实的历史变迁信息。由于中东铁路修筑与运营所产生的诸多方面影响及中东铁路工业遗产在历史、科技、艺术等方面的研究价值，数十年间国内外学术界不同领域的学者持续开展着以中东铁路或中东铁路工业遗产为主题的相关研究。

本书作为国家自然基金资助项目的阶段性研究成果，按照铁路运营设施建筑、居住建筑、公共服务设施建筑等不同类型开展中东铁路工业遗产建筑形态和构成的解读，希望以此更好地呈现出中东铁路工业遗产的建筑属性，揭示中东铁路工业遗产建筑形态与构成方面特征，为今后中东铁路工业遗产保护、修缮和利用提供可参考依据。同时，仅以本书抛砖引玉，为推动中东铁路工业遗产研究尽微薄之力，希望能够吸引更多对中东铁路工业遗产感兴趣的学界同仁投身到相关专题研究之中。

莫畏　王新英

2023 年 12 月

目录
Contents

1 中东铁路与中东铁路工业遗产

1.1 中东铁路修筑及权属变迁概述

中东铁路作为中国东北地区近代第一条铁路，呈"T"字形横跨今黑龙江、吉林、辽宁和内蒙古三省一区。中东铁路，原称大清东省铁路，简称"东清铁路"或"东省铁路"，始建于 1897 年 8 月 28 日，1903 年 7 月 13 日全线竣工，次日正式运营。1920 年 10 月，中华民国北洋政府交通部代管该铁路后改称中东铁路。

19 世纪末，沙皇俄国在谋求黑海出海口受到限制之后，为拓展势力范围，开始谋求远东地区出海口，于 1891 年 3 月 17 日开始修筑西伯利亚大铁路。其中，西伯利亚大铁路通向海参崴港口的线路如在俄国本土内修筑，将大大增加铁路线路长度和投资成本。出于减少筑路长度、降低资金投入等方面考虑，沙俄政府密谋向清政府"借地筑路"，通过中国东北地区直达海参崴，这样铁路长度不仅可以大大减少，又可以借机将势力深入中国东北内地。

1896 年 6 月至 1898 年 6 月期间，沙俄政府通过《中俄御敌互相援助条约》（《防御同盟条约》《中俄密约》）、《中俄合办东省铁路公司合同章程》（《建造经理中国东省铁路合同》）及《中俄会订旅顺大连湾租地条约》（《旅大租地条约》）、《续订旅大租地条约》和《东省铁路公司续订合同》等不平等条约，先后攫取了在东北地区修筑中东铁路干线和南支线的筑路权。

1897 年 8 月 28 日，中东铁路开工典礼在绥芬河右岸东宁县三岔口村附近举行。1898 年 6 月 9 日，中东铁路南支线正式动工。1903 年 7 月 13 日，中东铁路工程局总工程师茹格维志宣布中东铁路全线告成。"中东铁路干线从满洲里车站以西的国界起，经哈尔滨到绥芬河车站以东国界止，全长 1415.23 俄里，等于 1514.30 公里。中东铁路南支线从哈尔滨车站中心起，至旅顺口车站线路终点为止，全长 911.12 俄里，等于 974.90 公里，总计线路长 2489.20 公里。"[1] 根据俄政府财政部《1897—1902 年关于远东委任统治地方收支报告》记录，中东铁路总投资额为 3 亿 7495 万 5598 卢布 20 俄分，每千米铁路修筑费用为 12.5 万卢

---

[1] 中国人民政治协商会议黑龙江省委员会文史资料研究工作委员会编辑部《中东铁路历史编年》，黑龙江人民出版社，1987 年，第 38 页。

布。1903 年 7 月 14 日，中东铁路管理局成立并直接负责中东铁路管理营运及承办各种工程，初期设有办公室、法律处、商务部、医务处、材料处、工务处、运输处、财务处、民政处、军事部等 11 个部门，后又陆续增设了矿业部、航运处、地亩处、教育处、进款处、对华交涉部、《哈尔滨日报》编辑部、寺院科、电务处、经济调查局、兽医处和恤金处等部门。

1904 年"日俄战争"爆发，这场旨在争夺在中国东北势力范围的帝国主义战争，最终以俄国战败而告终。1905 年 9 月 25 日，在美国的斡旋下，俄日双方签订《朴茨茅斯条约》。《朴茨茅斯条约》无视中国主权，俄国擅自将中国辽东半岛（包括旅顺口和大连）租借权和中东铁路南支线宽城子至旅大间线路及相关权益转让给日本。1905 年 12 月 22 日，日本外务大臣小村寿太郎、日本驻华公使内田康哉与清政府全权大臣庆亲王奕劻、外务部尚书瞿鸿禨、直隶总督袁世凯在北京签订《中日会议东三省事宜条约》三款及附约十二款。日本除了迫使清朝政府接受《朴茨茅斯条约》中的所有规定外，还额外讹诈了某些权益，如使日本继续经营日俄战争期间修筑的安东至奉天间的军用铁路，期限 15 年。1906 年 5 月 7 日，日本政府以第 142 号敕令公布《南满洲铁道株式会社章程》，决定筹设"南满洲铁道株式会社"，简称"满铁"，经营管理中东铁路南支线宽城子至旅顺间铁路及所属支线，同时将该段铁路更名为"南满铁路"；8 月 1 日，日本递信大臣、大藏大臣、外务大臣签发《关于管理南满洲铁道株式会社事务命令》；9 月 13 日，"南满洲铁道株式会社"召开成立大会，总部设立于东京；12 月 7 日，正式登记注册。1907 年 3 月 5 日，"满铁"将总部迁至大连，东京设分社。同年 4 月 1 日起，"南满洲铁道株式会社"正式营业。日本单方面成立"南满洲铁道株式会社"，事实上否认了中国对中东铁路南支线的合办权，未履行《中日会议东三省事宜条约》中所规定的日本政府应"承允按照中俄两国所订借地及造路原约实力遵行"的内容。

1918 年 4 月，日本出兵俄国西伯利亚。同年 5 月 16 日、5 月 19 日，日本先后与北洋政府签订《陆军共同防敌军事协定》和《海军共同防敌军事协定》。8 月中旬，日本利用上述两个军事协定，以防止德国势力"东侵"为由，未经中国政府同意就擅自派兵入驻中东铁路。与此同时，美国也在征得英、法默许之后开始了与日本关于"共管"西伯利亚铁路和中东铁路的秘密磋商。1919 年 1 月 15 日，美日两国在日本东京签订了《关于监督东清及西伯利亚等铁路之协定办法》（《东京协定》），美日两国擅自将中东铁路纳入"国际监管"范围。北洋政府对中东铁路实行"国际监管"持反对态度，通过外交途径向美日两国提出质询和交涉。1919 年 3 月 5 日，美、英、日、法、德、意、中 7 国代表，在符拉迪沃斯托克（海参崴）出席协约国共同监管西伯利亚铁路和中东铁路委员会，简称"监管会"或"协约国监管会"。3月14日，监管会宣布西伯利亚铁路和中东铁路由协约国监管。3月17日，正式公布《管理东清铁路及西伯利亚铁路章程》。3月20日，司蒂文斯率领监管会技术部全体成员由符拉迪沃斯托克抵达哈尔滨，直接控制了中东铁路。根据《管理东清铁路及西伯利亚铁路章程》第五条规定："各外国军队自西伯利亚撤退时"，监管会即解散。1920年初，美、英、法、意、中的协约国军队陆续撤离西伯利亚，但是直至1922年10月26日日本军队全部从西伯利亚撤出，监管会才宣告完全解散，中东铁路国际监管宣告结束。

1933年5月30日，伪满洲国交通部擅自将中东铁路（中东铁路干线和北满支线）改称"北满铁路"。1934年9月21日，苏联政府在没有征求中华民国政府同意的情况下单方面以1.4亿日本金币的价格将中东铁路售予日本。1935年3月23日，日本、伪满、苏联三方在日本东京签订了所谓的《中东铁路让渡协定》，日本侵占了中东铁路全线，将全线统称为"满铁"。至此，日本完全攫取了中东铁路全线的控制权。苏联出售中东铁路的行为侵犯了中国的主权。协定签署当日，中国政府外交部抗议苏联出售中东铁路为非法，声明中国保留中东铁路的所有权利。

1945年日本无条件投降后，根据南京国民政府与苏联政府签订的《中苏友好同盟条约》《中苏关于中国长春铁路之协定》等条约及附件，将原中东铁路、南满铁路合并，更名为"中国长春铁路"，归中苏两国共同所有、共同经营，盈亏均摊，所有权均分为二，分属中苏两国，不得转让。铁路由中苏共管30年，期满后归还中国政府。

1949年12月，中华人民共和国中央人民政府主席毛泽东抵达莫斯科进行正式访问，1950年1月20日，中国总理兼外交部长周恩来也抵达莫斯科。1950年2月14日，周恩来和维辛斯基代表中、苏两国政府在莫斯科克里姆林宫签订《中苏友好同盟互助条约》，同时签订了《关于中国长春铁路、旅顺口及大连的协定》以及其他附件。《关于中国长春铁路、旅顺口及大连的协定》规定："缔约国双方同意苏联政府将共同管理中长铁路的一切权利以及属于该路的全部财产无偿地移交中华人民共和国政府。此项移交一俟对日和约缔结后立即实现，但不迟于一九五二年末。在移交前中苏共同管理中国长春铁路的现状不变。"1950年4月21日，中苏两国政府签订议定书，成立中国长春铁路公司。（图1.1-1）

1952年9月15日，中苏两国政府发表声明："中苏联合委员会应于1952年12月31日前，将中国长春铁路向中华人民共和国移交完毕。"12月31日，由中苏共管的中国长春铁路全部移交给中国政府。

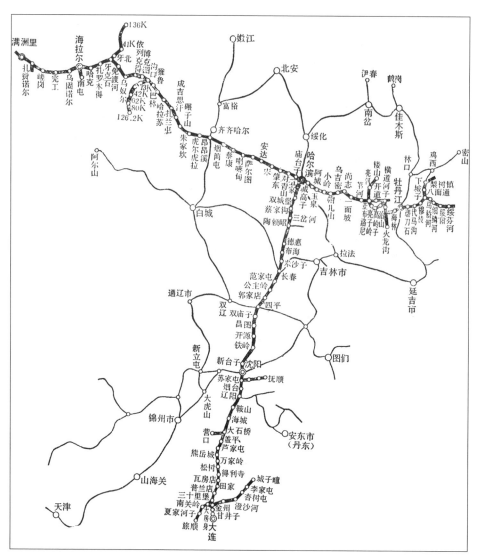

图 1.1-1　中国长春铁路线路示意图

1.2　中东铁路工业遗产

1.2.1　中东铁路工业遗产类型与状况

1986 年，联合国教科文组织（UNESCO）首次将工业遗产收入《世界遗产名录》。2003 年 7 月由国际工业遗产保护联合会（TICCIH）在俄罗斯斯维尔德洛夫斯克州下塔吉尔通过《关于工业遗产的下塔吉尔宪章》，并由联合国教科文组织最终批准。《关于工业遗产的下塔吉尔宪章》中关于工业遗产的定义指出："工业遗产指工业文明的遗存，它们具有历史的、科技的、社会的、建筑的或科学的价值。这些遗存包括建筑、机械车间、工厂、选矿和冶炼的矿场和矿区、货栈仓库，能源生产、输送和利用的场所，运输及基础设施，以及与工业相关的社会活动场所，如住宅、宗教和教育设施等。"中东铁路工业遗产所包含的铁路建筑物、铁路线路、铁路修筑和建造技术等基本内容完全符合《关于工业遗产的下塔吉尔宪章》对工业遗产的概念界定。2017年，中东铁路工业遗产入选由中国科协调宣部主办，中国科协创新战略研究院、中国城市规划学会共同承办、联合发布的"中国工业遗产保护名录（第一批）"。本书研究对象中东铁路工业遗产具体指在1897年至1952年间修建或改扩建，与中东铁路修筑、运营及发展有直接关联的，曾经或现今仍以各类建筑物、构建物形态存在的建筑。

经实地调研统计，中东铁路工业遗产分布于今东北地区三省一区的满洲里、呼伦贝尔、扎兰屯、龙江、齐齐哈尔、杜尔伯特、安达、肇东、穆棱、尚志、海林、牡丹江、双城、牙克石、绥芬河、阿城、哈尔滨、扶余、德惠、长春、四平、公主岭、昌图、开原、铁岭、沈阳、灯塔、辽阳、鞍山、海城、盖州、大石桥、瓦房店、普兰店、大连、旅顺等36座市县（区），中东铁路工业遗产总量约2000余栋（座），其建筑类型涉及车站站舍、机车库及修理库、给水塔、桥梁涵隧、东正教堂、俱乐部、医院、学校、浴房、住宅及护路军营房、军事工区、碉堡等等，共同构成中东铁路工业遗产的基本内容。鉴于中东铁路建筑能够较长时间服务初始功能的同时也能够通过功能置换满足不同功能需求的特性，关于中东铁路工业遗产类型的划分需要定格在具体的时间段内，因此按照上述建筑原始设计和初建时期功能进行分类，具体可划分为铁路运营设施建筑、居住建筑、公共服务设施建筑等主要类型。（见表1.2-1）

经历百年风雨，中东铁路工业遗产的建筑实体不可避免出现老化或消亡现象，部分中东铁路工业遗产因此不再适应铁路运营及城镇发展需求而闲置或废止，部分中东铁路工业遗产则通过不断更新、完善和功能置换一直处于活态使用状态之中。经实地调研，现阶段留存建筑实体的中东铁路工业遗产可分为三种状况：第一，维持初建时期使用功能，如横道河子站、双城堡站、香坊站、得利寺站等中东铁路时期修建的车站站舍，百余年间经不断修缮、完善和功能更新至今仍维持初建时期作为客货乘降运输的使用功能，服务于当前铁路交通运输；此外铁路沿线各站中东铁路时期的居住建筑多数仍延续着住宅功能。第二，功能置换后继续使用，如横道河子机车库、哈尔滨站中东铁路俱乐部、宽城子站俱乐部、滨洲线松花江铁路大桥等中东铁路工业遗产由于诸多历史与现实原因不再具备初建时使用功能，在进行功能置换后作为博物馆、医疗或旅游等设施使用。第三，

表 1.2-1 中东铁路工业遗产类型

类型名称			
铁路运营设施建筑	昂昂溪站站舍	公主岭站机车修理库	香坊站给水塔	松花江铁路桥
类型名称			
居住建筑	中东铁路总稽核官邸	一面坡站居住建筑	安达站居住建筑	昂昂溪站居住建筑
类型名称			
公共服务设施建筑	横道河子站圣母进殿教堂	昂昂溪站俱乐部	哈尔滨滨商务学堂	横道河子站治房

表1.2-2 中东铁路工业遗产留存状况

留存状况名称				
维持初始功能	双城堡站站舍	香坊站站舍	哈尔滨华俄工业技术学校/哈尔滨工业大学	兴安岭隧道
留存状况名称				
功能置换	横道河子站机车库/中东铁路运输博物馆	哈尔滨中东铁路俱乐部/哈尔滨铁路博物馆	宽城子站俱乐部/吉林省人民医院	窑门站一级中学/德惠市市博物馆
留存状况名称				
闲置或者废止	辽阳站给水塔	灯塔站居住建筑	安达站居住建筑	大石桥站机车库

闲置或者废止，如中德站、绥阳站、穆棱站、磨刀石站等原中东铁路沿线各等级车站因铁路运营线路调整或高铁线路通车，已经停止客运业务，站点废止导致车站站舍及相关铁路运营设施均处于闲置状态；原以铁路运营为主要产业的沿线城镇因产业调整和东北城镇化进程，人口迁移后部分居住建筑处于闲置或废止状态。（见表 1.2-2）

1.2.2 中东铁路工业遗产价值

《工业遗产保护和利用导则》《国家工业遗产管理暂行办法》《无锡建议》等文件中明确规定中国工业遗产的固有价值应包括历史价值、艺术价值、科学技术价值和社会文化价值等。

历史价值。中东铁路工业遗产的建造质量和设计适应性使其能够较长时间地服务于初始功能，同时也能够通过功能置换满足不同使用群体的不同功能需求，使得中东铁路工业遗产处于一种持续使用的活态使用状态，满足其所在城镇和使用群体的多样化需求。因此，中东铁路工业遗产百年以来一直真实地记录着东北地区铁路沿线及周边城镇的发展，真实地展示着城镇生产生活的变迁，承载着较为完整的人文历史信息，具有典型历史文化特征。其中，某些涉及重要历史事件、建筑时间悠久的中东铁路工业遗产更是具有无法替代的历史价值，如中东铁路总工厂、窑门站一级中学等均是东北近代重要历史事件的发生地。此外，中东铁路工业遗产作为东北经济发展过程中曾经的交通运输"大动脉"，也承载着东北老工业基地辉煌时期的历史记忆，是记录东北劳动者艰苦创业、甘于奉献优秀精神品质的实物载体。

艺术价值。在 19 世纪模块化思潮日益发展成熟的背景下，标准化和模块化理念贯穿着中东铁路工业遗产的建筑形态、构成及建造技术等诸多方面。出于节约造价、加速工期、统一标准等目的，中东铁路建筑设计、施工过程中的"模块化"和"标准化"应用成为一种必然选择。但是，中东铁路工业遗产建筑形态和构成方面最终呈现的效果也并非千篇一律，标准化和模块化的不同组合模式使得其建筑形态和构成方面呈现出多样化的视觉效果，增加了其自身艺术价值。同时，中东铁路的建筑师和工程师几乎全部毕业于俄国圣彼得堡和莫斯科的建筑专业院校，部分建筑师和工程师还曾参与西伯利亚大铁路的建设工程，这些建筑师和工程师将不同的建筑设计理念融入中东铁路建筑设计之中。最终，俄罗斯传统建筑风格、新艺术运动、折中主义及中西合璧中华巴洛克建筑风格，共同奠定了中东铁路工业遗产的建筑基本格调，使得中东铁路工业遗产成为 19 世纪末 20 世纪初中西建筑文化融合的实物例证。

科学技术价值。中东铁路建筑除多数由俄国建筑设计师主持设计、修建之外，如兴安岭隧道等工程则通过国际招标方式实施建筑设计和修建工作，在设计理念和施工技艺等方面能够反映当时建筑技术的较高水平。中东铁路的修筑促进了东北地区近代建筑技术和类型的产生和快速发展，红砖、水泥、玻璃、金属和混凝土等近代建筑材料和与之相适应的近代建筑施工技术相继引入东北地区建筑领域，车站站舍、机车库、俱乐部、东正教堂等建筑样式则丰富了东北地区近代建筑类型，都在客观上推动了近代东北建筑发展，加速了近代东北建筑发展与世界建筑潮流的接轨。近代城市规划理念的引入，逐渐形成了哈尔滨、大连、满洲里、绥芬河等一批采用近代城市规划理念规划建设的东北城镇。此外，中东铁路工业遗产，尤其是居住建筑形态和构成方面充分考虑到东北地区自然气候特征，其建造技术、装饰表达及局部细节等方面均在后期城镇其他建筑上获得不同程度沿袭。

社会文化价值。中东铁路的修筑和运营不仅改变了东北地区传统的交通运输方式，也对当地固有的政治、经济和社会文化生活产生了深刻的影响，最为显著的影响体现在东北城镇分布格局、城镇街区规划和城市功能属性方面。中东铁路推动了东北地区的城镇建设、发展及城市化进程，围绕铁路线路逐步形成带状城镇群改变了东北城镇原有沿古驿道或河流分布的格局。铁路沿线城镇因中东铁路用地规划建设而出现规模不等的近代城市街区，在客观上加速了东北地区城市近代化进程。与此同时，中东铁路用地及市街用地的规划布局与建设也影响着铁路沿线城镇的建设模式和城市功能属性，中东铁路工业遗产所形成的较为完整的铁路工业产业带动其他类型近代工业产业的产生和发展，城市基础设施随着铁路配套设施建筑的修建不断完善，哈尔滨、长春、大连、旅顺等原本的江边渔村、居民聚落或边疆集镇迅速发展成为区域中心城市，改变了原有城市功能属性。城市功能属性的改变，在影响当地居民固有生产生活方式的同时也一定程度促进了地区经济的发展，如宁安、窑门（今德惠）等地在中东铁路通车运营后，当地物资运输得到促进，推动了当地交通与经济的发展，使两地迅速成为东北地区北部、中部重要的粮食、木材等商品的集散地，加速了当地经济的发展。

2 铁路运营设施建筑形态与构成

中东铁路横跨今黑龙江、吉林、辽宁和内蒙古三省一区，全长近 2500 千米，途经山脉、丘陵、江河湖泊等多种地质区域，保障铁路线路正常运营需要包括车站站舍、给水塔、机车库和桥梁涵隧等在内的多种工业建筑，因此铁路运营设施建筑成为与中东铁路发展关联最为密切的工业遗产建筑类型。

2.1 车站站舍建筑

中东铁路沿途各车站的选址及站等划定，并未完全依据原有东北地区城镇、村落规模或地理位置重要性与否而确定，更多考量客货列车运行、给水及燃料补给、蒸汽机车车辆维修、货物集散和存储等各项铁路运营工作及组织合理性，同时也将军事功能、自然资源等考虑在内。中东铁路沿线各车站设置原则上以哈尔滨为中心，每间隔 200—300 千米设置一个二等站，由于铁路线路途经山脉、丘陵和平原等不同地势地貌，海拔高差较大，因此三等、四等、五等及会让站彼此间距具体视情况而定。如中东铁路干线途经大兴安岭山脉区间段落，由于海拔高差变化较大，各站间距相对较长、车站数量较少；南支线途经今吉林、辽宁等省份，地处东北平原腹地，人口较为稠密、城镇存量分布密集，各站间距相对较短、车站数量相对较多。1903 年 7 月中东铁路正式运营时，全线共开设 92 座不同等级客货车站及数量众多的会让站。其中，一等站 1 座、二等站 9 座、三等站 8 座、四等站 34 座、五等站 40 座，计划修建 74 座会让站，实际投入使用会让站 15 座。（见表 2.1-1、表 2.1-2）

车站站舍是中东铁路重要的运营设施建筑，也是车站的标志性建筑。中东铁路修筑时期，为了加快施工速度、缩短工期及满足不同等级车站客货运营需求，干线和南支线各等级车站站舍建筑遵循模块化设计理念，原则上除一等站之外，其他各等级车站均采用与站等相对应的标准化图纸修建[1]，同时根据地区差异在建筑材料、立面装饰等方面进行适应性调整。一般来说，车站等级越高，相

---

[1] 中东铁路干线二等站绥芬河站、满洲里站、博克图站的站舍建筑在实际修建过程中并未采用标准化图纸。

表 2.1-1　中东铁路干线车站一览表

车站名称		初建等级	开设时间
曾用名	今　名		
满洲里	满洲里	二等站	1901 年
阿伯盖图	胪滨	会让站	1898 年
喀西诺瓦	东壕	会让站	1898 年
前哨	扎赉诺尔西	会让站	1898 年
扎兰诺尔	扎赉诺尔	五等站	1901 年
穆特纳衣	湖北	会让站	1901 年
扎岗	嵯岗	五等站	1901 年
赫尔洪德	赫尔洪得	四等站	1901 年
望工	完工	五等站	1901 年
乌固诺尔	乌固诺尔	五等站	1901 年
威宇克衣	大良	会让站	1901 年
古拉郭夫斯基	安邑	会让站	1901 年
海拉尔	海拉尔	二等站	1901 年
雷若佛斯基	海拉尔东	会让站	1901 年
哈根	哈克	五等站	1901 年
毛克雷	扎泥河	会让站	1901 年
扎罗木特	扎罗木得	五等站	1901 年
别索契纳衣	大雁	会让站	1901 年
尼克那	海满	会让站	1901 年
牙克什	牙克石	五等站	1901 年
扎通沟	卓山	会让站	1901 年
那得里奇纳衣	小北	会让站	1901 年
西都河	免渡河	五等站	1901 年
克利活衣	北头河	会让站	1901 年
谢尔普斯基	乌川	会让站	1901 年
乌奴耳	乌奴耳	五等站	1901 年
霍尔果	哈拉沟	会让站	1901 年
布奇纳衣	西岭口	会让站	1901 年
伊列克都	伊列克得	四等站	1901 年
兴安	兴安岭	五等站	1901 年
必集良	新南沟	会让站	1901 年
博克图	博克图	二等站	1901 年
郭力高尔	沟口	会让站	1901 年
提贝里捷尔	旗山	五等站	1901 年
雅鲁	雅鲁	五等站	1901 年

车站名称		初建等级	开设时间
曾用名	今 名		
特俩新那	紫沟	会让站	1901 年
喇嘛山	喇嘛山	会让站	1901 年
巴林	巴林	五等站	1901 年
阿勃纽尔	南木	会让站	1901 年
斗焠子	哈拉苏	五等站	1902 年
阿米尔	三道桥	会让站	1901 年
谢苗诺夫斯基	卧牛河	会让站	1901 年
扎兰屯	扎兰屯	三等站	1901 年
萨拉	高台子	会让站	1903 年
成吉思汗	成吉思汗	五等站	1901 年
碾子山	碾子山	五等站	1901 年
土尔池哈	龙江	五等站	1900 年
库勒呼啦、呼尔呼拉	虎尔虎拉	五等站	1900 年
福来尔基	富拉尔基	会让站	1902 年
齐齐哈尔、西屯	昂昂溪	二等站	1900 年
烟土筒屯、大蒿子	烟筒屯	五等站	1900 年
小蒿子	泰康	五等站	1900 年
喇嘛甸子	喇嘛甸	五等站	1900 年
萨尔图	大庆	五等站	1902 年
安达	安达	三等站	1902 年
谢诺依	羊草	会让站	1900 年
宋	宋站	五等站	1900 年
五里木	五里木	会让站	1900 年
郭尔洛司	尚家	会让站	1900 年
满沟	肇东	五等站	1901 年
鲁赤果	姜家	会让站	1900 年
四方	里木店	会让站	1900 年
对青山	对青山	四等站	1900 年
陶楚	万乐	会让站	1899 年
庙台子	庙台子	会让站	1899 年
呼兰	呼兰	会让站	1901 年
船坞、石当	松北	会让站	1901 年
秦家岗	哈尔滨	一等站	1899 年
木柴场	王兆屯	四等站	1899 年
香房	香坊	二等站	1898 年

车站名称		初建等级	开设时间
曾用名	今　名		
成高子	成高子	四等站	1899 年
程站	舍利屯	四等站	1899 年
阿什河	阿城	三等站	1899 年
大亚沟	亚沟	四等站	1899 年
二层甸子	玉泉	三等站	1899 年
小岭	小岭	四等站	1899 年
二道河子	平山	三等站	1899 年
帽儿山	帽儿山	四等站	1899 年
蜜山	蜜蜂	四等站	1899 年
红胡子	小九	四等站	1899 年
乌吉密	乌吉密	三等站	1899 年
珠河	尚志	三等站	1899 年
亚库尼	马延	四等站	1899 年
一面坡	一面坡	二等站	1899 年
鲁克士窝	九江泡	会让站	1899 年
萨莫哈瓦	万山	四等站	1899 年
苇沙河	苇河	五等站	1899 年
喀赞才窝	青云	四等站	1899 年
亚布洛尼	亚布力	三等站	1899 年
石头河子	石头河子	三等站	1901 年
六道河子、里道河子	冷山	会让站	1900 年
洗马	洗马	会让站	1900 年
高岭子	高岭子	五等站	1900 年
分岭河	分岭河	会让	1900 年
萨拉河子	治山	四等站	1900 年
横道河子	横道河子	三等站	1901 年
山道窝集	道林	四等站	1901 年
长岭子	青岭子	四等站	1901 年
山石	山市	四等站	1901 年
石河	奇峰	四等站	1901 年
海林	海林	三等站	1901 年
宁北	牡丹江	五等站	1901 年
乜河	爱河	四等站	1901 年
磨刀石	磨刀石	四等站	1901 年
抬马沟	代马沟	四等站	1901 年

车站名称		初建等级	开设时间
曾用名	今　名		
北林河	北林	四等站	1901 年
穆棱	穆棱	三等站	1899 年
依林	伊林	四等站	1900 年
小城子	下城子	会让站	1900 年
马沟河、马桥河子	马桥河	五等站	1900 年
虎力密河	红房子	五等站	1900 年
太平岭	太岭	四等站	1898 年
七站	细鳞河	四等站	1903 年
三岔河	绥西	四等站	1899 年
小绥芬、六站	绥阳	三等站	1899 年
八道河子	宽沟	四等站	1898 年
五站	绥芬河	二等站	1898 年

表 2.1-2　中东铁路南支线车站一览表

车站名称		初建等级	开设时间
曾用名	今　名		
秦家岗	哈尔滨	一等站	1899 年
顾乡屯、军需小站	顾乡屯	会让站	1903 年
六十四号小站、尤格维奇、沈家五岗	王岗	会让站	1899 年
五家	五家	五等站	1903 年
双城堡	双城堡	四等站	1899 年
蔡家沟	蔡家沟	四等站	1899 年
石头城子	石头城子	四等站	1903 年
陶赖昭	陶赖昭	四等站	1899 年
老少锅	老少沟	会让站	1901 年
大家沟	达家沟	会让站	1903 年
中德	中德	会让站	1904 年
窑门	德惠	三等站	1903 年
虎市	虎市	会让站	1904 年
乌海	布海	四等站	1903 年
哈拉哈	哈拉哈	会让站	1904 年
沃皮	沃皮	会让站	1904 年
米砂子	米沙子	四等站	1903 年
老家	老家	会让站	1903 年

车站名称		初建等级	开设时间
曾用名	今　名		
一间堡	一间堡	会让站	1904 年
一站、宽城子	宽城子	四等站	1903 年
二站	范家屯	四等站	1903 年
三站	公主岭	二等站	1903 年
四站	郭家店	四等站	1903 年
五站、四平街	四平	四等站	1903 年
双庙子	双庙子	四等站	1903 年
昌图府	昌图	四等站	1903 年
开原	开原	四等站	1903 年
西关	铁岭	三等站	1903 年
新台子	新台子	五等站	1903 年
虎石台	虎石台	五等站	1903 年
谋敦克	沈阳	四等站	1903 年
苏家屯	苏家屯	五等站	1903 年
烟台	灯塔	四等站	1903 年
辽阳	辽阳	二等站	1903 年
鞍山	鞍山	四等站	1903 年
海城	海城	四等站	1903 年
大石桥	大石桥	三等站	1903 年
盖州	盖县	四等站	1903 年
熊岳城	熊岳城	四等站	1903 年
万家岭	万家岭	五等站	1903 年
得利寺	得利寺	会让站	1903 年
瓦房沟	瓦房沟	四等站	1903 年
瓦房店	瓦房店	三等站	1903 年
普兰店	普兰店	四等站	1903 年
山西林堡	三十里堡	五等站	1903 年
金州	金州	四等站	1903 年
大房山	大房山	五等站	1903 年
南关岭	南关岭	四等站	1903 年
营城子	营城子	五等站	1903 年
旅顺口	旅顺	三等站	1903 年

　　说明：以上二表据《黑龙江省志》第 18 卷《铁路志》、《吉林省志》卷 26《交通志铁道》、《辽宁省志·铁道志》等文献资料综合整理。

应的车站站舍建筑的空间规模越大、功能布局越全面、建筑技术越复杂、建筑装饰越精细。结合原始设计图纸和实地调研，中东铁路二等站、三等站车站站舍建筑采用相同的标准设计图纸，四等站、五等站[1]、会让站站舍建筑则分别采用相应的标准设计图纸。中东铁路二等站、三等站的车站站舍由两栋建筑组成，一栋是兼具售票、候车、行包、通讯和办公等多种功能的单层建筑（主站房），一栋是兼具候车、餐饮和办公等多种功能的局部二层建筑（高等候车室）。（图2.1-1）

a 一面坡站旧貌（干线二等站）

b 齐齐哈尔站旧貌（干线二等站）

c 穆棱站旧貌（干线三等站）

d 公主岭站旧貌（南支线二等站）

e 窑门站旧貌（南支线三等站）

f 铁岭站现状（南支线三等站）

图2.1-1　中东铁路车站站舍建筑

---

[1]　中东铁路南支线公主岭站至旅顺口站区间五等站的车站站舍由两栋建筑组成，一栋为兼具候车、通讯和办公等职能的单层建筑，一栋为供中国旅客候车使用的单层建筑。

四等站、五等站、会让站的车站站舍为一栋集候车、通讯、办公等功能于一体的单层建筑（主站房）。由于中东铁路干线和南支线在地理环境、施工工期、建筑材料及客货运输量等方面的差异，干线和南支线相同等级的车站站舍建筑（主站房）也存在设计标准的差异。

中东铁路干线和南支线二等站、三等站的高等候车室采用同一套标准设计图纸。高等候车室为砖木结构建筑，局部二层，立面呈现不对称式，立面纵向分为三段，由勒脚与台阶、砖砌建筑主体、檐部及屋面等部分构成。（图 2.1-2）高等候车室建筑底部为毛石基础，外墙根部与室外地面接触部位使用石材或砖材砌筑勒脚以起到防水、防潮作用，勒脚一般凸出墙体表面以增加防水效果，勒脚顶部一般有砖砌突出墙面和勒脚的线脚装饰，石砌勒脚大多为未经加工的毛石或粗加工的矩形石材，石材或砖材间灰缝使用砂浆填补，石材勒脚灰缝填补砂浆会凸出勒脚表面，能够有效防止灰缝积水。高等候车室面向站外一侧出入口设置砖砌台阶，整体突出于墙面，台阶两侧有挡墙或牵边，部分出入口会搭建挑出于墙面之外的雨篷，具有实用性的同时也增加装饰效果；面向站内一侧出入口通常不设置台阶，直接与站台水平相接。部分高等候车室面向站内站台一侧有较大跨度出挑半敞开式木质檐廊，檐廊的具体做法有两种，一种是将屋面垂脊面向站台一侧直接拉伸，一种是在墙体外侧搭建檐廊与墙体相衔接。为避免大跨度出挑造成的廊

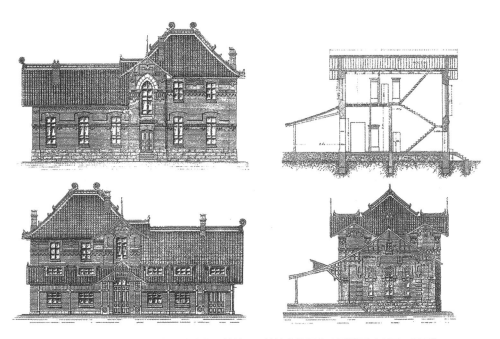

图 2.1-2　中东铁路干线、南支线二等站、三等站高等候车室设计图（立面、剖面）

内遮光问题，檐廊顶部通常会开设凸出于屋面的老虎窗以增加廊内空间采光，老虎窗檐口处通常装饰木质雕刻。高等候车室建筑四周转角位置砖砌隅石装饰，半包围于转角，突出墙面呈矩形外观形态。高等候车室门窗上楣贴脸采用全包围或半包围的砖构形式，虽然遵循着模块化设计理念，但是在实际修建过程中因具体施工者的不同而存在多种形式变化。上楣贴脸常见样式主要有平券式、木梳背式和尖券式。除高等候车室面向站外一侧的主出入口处二层窗户普遍使用全包围尖券式窗楣之外，其他门窗上楣贴脸多使用半包围平券式或木梳背式的样式，券顶合龙砖位置砌筑突出于券身的拱心石。遵照标准设计图纸，高等候车室建筑山墙檐下部位会沿着桁端封檐板的走向，以叠涩方式砌筑出锯齿状凹凸变化有序、不规则阶梯式的落影装饰，落影装饰在构图上强调中轴对称，由于砖砌凸凹状突出于墙面，当阳光照射在落影装饰图案上时，落影图案的光影会随着阳光照射角度的不同而变化，在视觉效果上极具装饰性。实地调研结合历史影像可知，部分高等候车室建筑山墙檐下部位采用砖砌混合直线式线脚，虽然由多重直线式砖构筑加断点式直线式图案构筑而成的混合直线式线脚相较于落影装饰简约，但是在将建筑立面进行合理划分与分割的同时也具有一定装饰作用。落影装饰、四周转角隅石及门窗贴脸均是作为高等候车室建筑兼具结构用途与装饰用途的砖砌装饰构筑形式，也在中东铁路工业遗产其他类型建筑装饰中普遍应用，其构筑形式和工艺方法基本相同。高等候车室建筑二层局部屋面采用孟莎顶，墙体外侧出入口处理成俄式尖顶钟楼样式，建筑单层部分屋面为双坡屋顶，三角形山花及檐下通常装饰多种形态的木质构件组合，与砖砌落影装饰相呼应。竖向木构杆件从山花顶部向下，横向木构杆件与山花两侧相交，同时竖向和横向杆件成直角交错搭接形成组合，竖向杆件端会做多边形造型处理；根据复杂程度按照上述搭接方式添加，并从山花顶部沿着山墙向下垂直延展，随着竖向杆件层数的增加，会添加弧度杆件支撑，杆件组合形态也因此更加复杂，装饰性更强；部分高等候车室建筑三角形山花处会在杆件基础上添加山花板形成组合装饰形态。中东铁路工业遗产其他类型建筑三角山花及檐下也普遍应用杆件式或杆件加山花板式作为表达装饰性的木构件，区别在于高等候车室建筑的杆件层数最多、复杂性更强。高等候车室建筑屋顶形式采用了类似中式传统建筑大屋顶的做法，正脊、垂脊处会装饰有仿中式鸱吻、走兽装饰构件，虽然鸱吻、走兽造型和数量方面没有遵循中式建筑传统且带有些许随意性，但是也能够体现出俄国建筑设计师对中式建筑元素的理解和设计融合。（图2.1-3）高等候车室建筑平面呈矩形，一层、二层空间功能划分简明，一层平面中部以门厅及楼梯间为界，一侧为Ⅲ等候车大厅，一侧为Ⅰ、Ⅱ等候车大厅及独立男女卫生间，各候车大厅均设独立出入口，避免彼此间交通

a 安达站高等候车室旧貌（站内站台一侧）

b 一面坡站高等候车室旧貌（站内站台一侧）

c 昂昂溪站高等候车室（2005年）（站内站台一侧）

d 公主岭站高等候车室（站内站台一侧）

e 辽阳站高等候车室（站内站台一侧）

f 扎兰屯站高等候车室（站外一侧）

g 窑门站高等候车室（站内一侧）

h 安达站高等候车室旧貌（站外一侧）

i 昂昂溪站高等候车室现状（站外一侧）

j 铁岭站高等候车室（站外一侧）

图 2.1-3　中东铁路高等候车室建筑

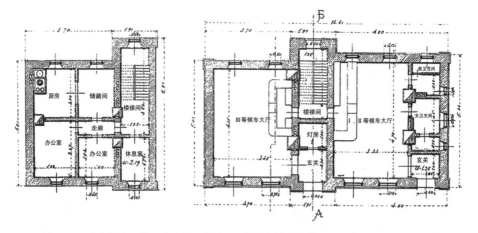

图 2.1-4　中东铁路干线、南支线二等站、三等站高等候车室设计图（一层、二层平面）

动线干扰。局部二层设置有铁路职员办公室、休息室及厨房、储藏间等功能房间。（图 2.1-4 ）

　　中东铁路干线和南支线铁岭站以北的二等站、三等站及四等站主站房建筑采用同一套标准设计图纸，南支线铁岭站及以南二等站至四等站的主站房建筑则采用另外一套标准设计图纸。

　　中东铁路干线、南支线铁岭站以北二等至四等车站主站房为单层砖木结构建筑，双坡屋顶。建筑立面依旧采取三横段构图，横向由勒脚与台阶、建筑主体、屋面及檐部构成，纵向不对称。毛石基础、勒脚与台阶构造方式和建材选取等均与高等候车室建筑基本一致。建筑主体砖砌，门窗上楣贴脸以半包围平券式或木梳背式为主，券顶合龙砖位置依旧砌筑突出于券身的拱心石，用以增加整体装饰效果。各站站舍三角形山花及檐下木质杆件装饰构件繁简各异，部分站舍建筑还会缺省杆件装饰构件或者直接使用木质山花板替代。山墙面建筑檐口及檐下等处的砖砌落影装饰或者直线式线脚在构筑形式和工艺方法方面也与高等候车室建筑基本相同。主站房面向站外一侧出入口顶部砖砌中式重檐马头墙，主站房面向站内站台一侧则会搭建有较大跨度出挑半敞开式木质檐廊，根据原始设计图纸及历史影像资料分析可知其檐廊具体构造技法同高等候车室建筑檐廊大体一致。（图 2.1-5 ）根据建筑剖面设计图可知，主站房屋架采用了抬梁和桁架混合的构造形式，屋架在抬梁受力的基础上增加了三角形屋架，屋内的两排立柱成为屋顶主受力构件，反映出中东铁路建造技术方面的中西融合特征。主站房的原始设计图纸中屋面并未体现出过多中式建筑装饰元素，根据历史影像资料可知部分主站房建筑屋面正脊处会等距装饰成对仿中式行龙造型构件、正脊两端会装饰鸱吻造型或

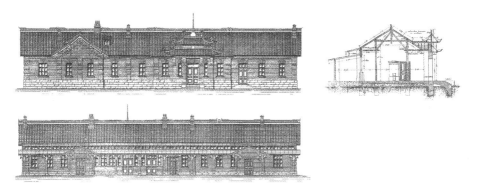

图 2.1-5　中东铁路干线、南支线（铁岭站以北）二等至四等站主站房设计图（立面、剖面）

a 阿什河站（站内一侧）

b 阿什河站（站外一侧）

c 珠河站（站内一侧）

d 海林站（站内一侧）

e 磨刀石站（站内一侧）

f 公主岭站（站外一侧）

g 范家屯站（站外一侧）

h 谋克敦站（站外一侧）

图 2.1-6　中东铁路干线、南支线（铁岭站以北）二等至四等站主站房旧貌

行龙造型构件，垂脊处也会装饰脊兽造型构件，行龙、鸱吻或脊兽造型和数量没有统一标准，且有别于中式传统建筑规制。整体来看，主站房建筑屋面各处的中式装饰元素相较于高等候车室建筑更为丰富和多样，尤其在正脊处行龙造型的表达方面。（图2.1-6）由于中东铁路四等站不再设置单体的高等候车室建筑，因此主站房需要承担高等候车室的具体功能。四等站主站房在建筑平面型制不变的前提下，将二等站和三等站主站房的站长办公室、站长书房、地勤主管办公室、玄关及电报室的所在区域进行功能调整。首先缩减办公功能空间面积，增设Ⅰ、Ⅱ、Ⅲ等候车大厅、男女卫生间；其次扩大玄关面积后调整为检票通道，便于大流量旅客进出候车大厅及检票通行需求。第三，区域调整前后空间流线都是穿套式，虽然不可避免流线的交叉，但是能够在建筑面积有限情况下节省交通空间，也便于各功能房间布局。（图2.1-7）

南支线铁岭站及以南二等站、三等站和四等站的主站房为单层砖木结构建筑，建筑立面同样采取三横段构图，纵向对称，立面中部对称凸出两个三角形山

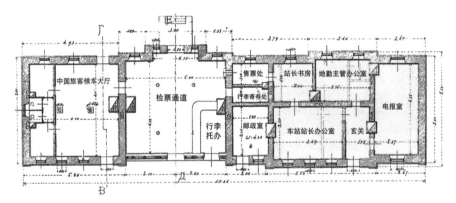

a 二等站、三等站主站房平面图

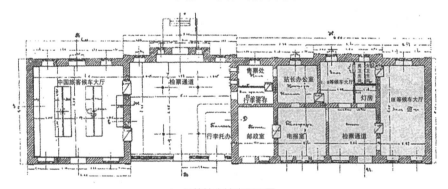

b 四等站主站房平面图

图2.1-7　中东铁路干线、南支线（铁岭站以北）二等至四等站主站房设计图（平面）

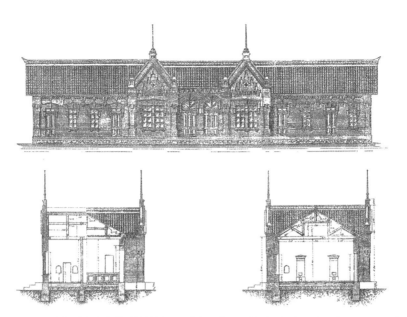

图 2.1-8　中东铁路南支线（铁岭站及以南）二等至四等站主站房设计图（立面、剖面）

a　辽阳站（站内一侧）

b　大石桥站（站外一侧）

c　盖州站（站内一侧）

d　熊岳站（站内一侧）

e　瓦房沟站（站内一侧）

f　金州站（站内一侧）

图 2.1-9　中东铁路南支线（铁岭站及以南）二等至四等站主站房旧貌

墙，表面装饰细节丰富；屋架结构采用桁架式形态，屋面采用悬山式人字形双坡屋顶，屋面覆瓦采用中式板瓦而非俄式瓦楞铁皮。（图2.1-8）建筑山墙面的三角形山花、檐口及檐下部位缺省砖砌落影及木质杆件组合装饰，墙体四周转角隅石、门窗上楣贴脸和其他类型站舍建筑在构筑形式和工艺方法方面保持一致性。主站房建筑面向站外一侧出入口设置砖砌台阶，整体突出于墙面，台阶两侧不再设置挡墙或牵边，面向站内一侧出入口仍不设置台阶直接与站台水平相接，同时也不再设置挑出式檐廊。（图2.1-9）南支线铁岭站及以南二等站、三等站和四等站的主站房建筑平面功能布局及空间平面组合方式与中东铁路干线、南支线铁岭站以北二等至四等车站主站房的处理秉承相同理念。四等站主站房在建筑平面型制及空间布局划分不变前提下，仅将二等站、三等站主站房建筑的警务室、办公室及电报室所在空间区域调整为Ⅰ、Ⅱ、Ⅲ等候车大厅，以此满足因站等变化导致的客货运输功能转变的实际需求。（图2.1-10）

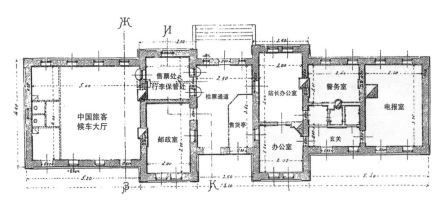

a 二等站、三等站主站房平面图

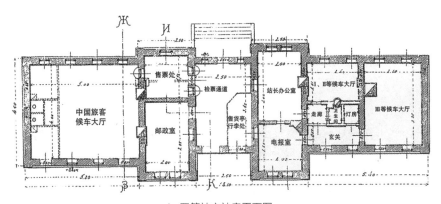

b 四等站主站房平面图

图2.1-10 中东铁路南支线（铁岭站及以南）二等至四等站主站房设计图（平面）

中东铁路五等站和会让站站舍建筑同样遵循相对应的标准设计图纸进行修建。其中，干线满洲里至哈尔滨区间的五等站、会让站采用一套标准设计图纸，南支线公主岭站至旅顺口站区间五等站采用一套标准设计图纸，干线哈尔滨至绥芬河站区间的会让站和南支线会让站采用一套标准设计图纸。

中东铁路干线五等站和会让站站舍为一栋砖木或砖石结构单层建筑，集旅客候车、通讯和办公等多种功能于一身，采用穿套式空间平面组合方式，主出入口设置在Ⅲ等候车大厅房间墙体外侧，因此Ⅲ等候车大厅兼具门厅功能，通过Ⅲ等候车大厅将电报室、站长办公室、灯房及Ⅰ、Ⅱ等候车大厅等不同功能的房间相互连通，节省交通了空间，适用于五等站或会让站客流量较少和站舍建筑面积相对较小的实际情况。（图 2.1-11）站舍建筑立面依然采用三段式构图方式，砖砌落影、门窗上楣贴脸、转角隅石等构筑形态与工艺方法均与其他站舍建筑基本相同或类似，三角形山花及檐部使用山花板进行装饰或者缺省。屋架采用系梁式结构形态，简洁的双坡屋面结构，坡面交叉处形成的直脊具有典型中式建筑元素，但是两端收头做法较为随意，没有遵循中式建筑传统规制，也没有过多造型装饰构件。（图 2.1-12）

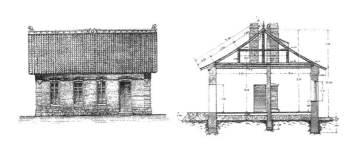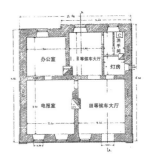

图 2.1-11 中东铁路干线五等站和会让站站舍设计图（立面、剖面、平面）

a 高岭子站（干线五等站）　　　　b 哈拉苏站（干线五等站）　　　　c 富拉尔基站（干线会让站）

图 2.1-12 中东铁路干线五等站和会让站站舍旧貌

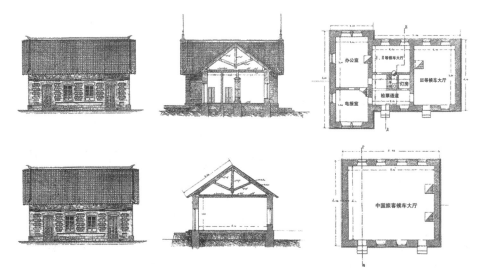

图 2.1-13　中东铁路南支线公主岭站至旅顺口站区间五等站站舍设计图（立面、剖面、平面）

南支线公主岭站至旅顺口站区间五等站站舍由两栋砖木结构单层建筑组成，一栋集售票、候车、通讯和办公等功能于一体，一栋专门作为中国旅客候车大厅使用。两栋建筑立面均采用三段式构图方式，门窗上楣贴脸、转角隅石装饰均采用其他类型站舍建筑常见的构成形态和处理工艺，建筑山墙面处缺省砖砌落影装饰，三角形山花及檐部使用山花板进行装饰或者缺省，整体装饰细节相较于其他类型的车站站舍建筑更为简洁。（图 2.1-13）建筑屋架结构采用典型桁架式，形成双坡三角屋面，屋架的整体坡度较缓，屋面覆盖板瓦，不再使用干线站舍建筑普遍使用的瓦楞铁皮。桁架式屋架形态在每榀屋架内部增加斜向杆件，形成局部的多个三角形关系，使得屋架更加稳定，也适合跨度相对较大的建筑，如中国旅客候车大厅室内不设置隔墙，仅凭屋架结构承受自身自重及外部荷载。同时，桁架式屋架由于添加斜向杆件，对木质要求不高，更适用于五等站建筑的实际修建和使用需求。（图 2.1-14）

a　大房身站

b　营城子站

图 2.1-14　中东铁路南支线五等站站舍旧貌

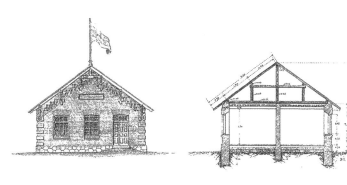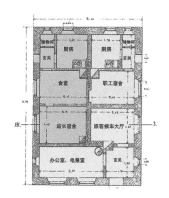

图 2.1-15　中东铁路干线哈尔滨站至绥芬河站区间、南支线会让站站舍设计图（立面、剖面、平面）

　　中东铁路干线哈尔滨站至绥芬河站区间、南支线会让站站舍为砖木或砖石结构的一栋单层建筑，集站务功能和员工食宿功能于一体。建筑平面呈矩形，分为站务职能区和两个员工食宿区，分别开设独立出入口，每个区域为节约交通空间，均采用穿套式空间平面组合方式。中东铁路初建时期，会让站客货运量有限，配置的相关铁路职员数量相对较少，站舍配套食宿功能区域能够满足铁路职员日常生活需求。（图 2.1-15）站舍建筑立面采用三段式构图方式，屋架采用系梁式结构形态，双坡屋面结构，山墙面檐口处砖砌落影装饰与四周转角隅石相衔接，门窗上楣贴脸采用平券式，拱心石突出于券体，装饰感相对较强。（图 2.1-16）

　　中东铁路初建时期，绝大多数二等站至会让站站舍建筑遵循着标准化设计图纸进行修建，建筑风格以俄罗斯式为主导，同时在装饰构件、建造技术等方面融合中式传统建筑元素。除一等站哈尔滨站之外，干线二等站如满洲里站、绥芬河站、博克图站等站舍建筑并未遵循通用标准图纸，而是和哈尔滨站一样采用具有典型新艺术运动风格的设计方案。（图 2.1-17）自 20 世纪 20 年代开始，随着中东铁路运营实际需求变化，部分车站站舍重建，重建后的车站站舍建筑不再受限于按照车站等级设计的标准化图纸，如二等站香坊站、三等站珠河站、会让站九江泡站等站舍建筑体现折中主义风格。（图 2.1-18）与此同时，中国传统建筑风格影响也已突破建筑装饰或建造技术层面，如南支线四等站双城堡站舍重建后，建筑从整体上体现了当时俄籍建造设计师对中式传统建筑风格的理解。（图 2.1-19）除此之外，重建后的中东铁路车站站舍建筑墙体外表也不再使用清水做法保存砖石建材原始肌理，而是普遍使用抹灰工艺，增加装饰线脚，再涂抹不同色彩的涂料，整体装饰感更强。

　　根据规划布局，中东铁路车站站舍建筑平行于铁路设置，从站舍与站内铁路线路间剖面关系上来看，属于典型平线通过模式。平线通过模式与线下式、线上式等其他通过模式相比具有工期短、造价低的优势，因此更适合中东铁路修筑时期的主观和客观要求。平线通过模式与中东铁路运营初期的客货运输能力基本相适应，但是该模式也存在着明显缺点，即当客流较大或者站内线路过多时，容易造成站内线路两侧站台拥堵，使得进出站旅客彼此间相互干扰，容易造成站内拥堵，对客货运输产生一定程度负面影响。随着中东铁路后期客货运输能力的逐步提升，站区内铁路线路也逐渐增加，为满足日常客货流集散需求，铁路线路月台间会增建天桥建筑使彼此相连接，以此克服平线式通过模式的缺点。经实地调研，中东铁路站内天桥建筑平面呈工字型，主体结构使用工字钢焊接，两侧焊接斜撑加固，天桥墙体和楼板铺设木板，部分天桥顶部采用双坡屋面铺覆铁皮，天

a 老家站站舍现状

b 老家站站舍现状

c 老家站站舍现状

d 老少沟站站舍现状

e 老少沟站站舍现状

f 老少沟站站舍现状

图 2.1-16　南支线会让站站舍现状

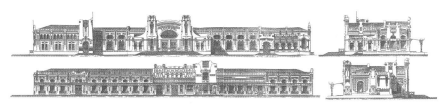

a 哈尔滨站站舍设计图

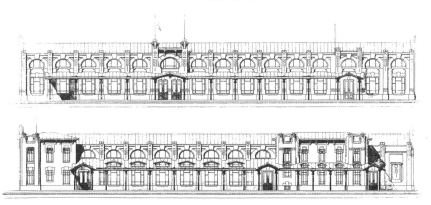

b 满洲里站站舍设计图

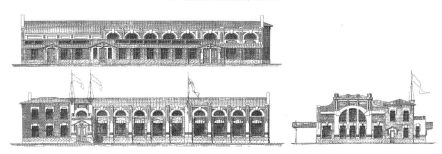

c 绥芬河站站舍设计图

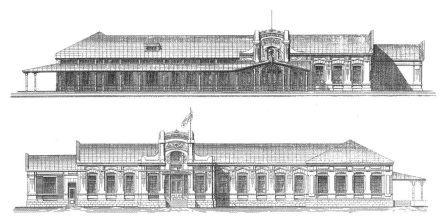

d 博克图站站舍设计图

e 哈尔滨站旧貌

f 满洲里站旧貌

g 绥芬河站旧貌

h 博克图站旧貌

图 2.1-17　中东铁路新艺术运动风格车站站舍

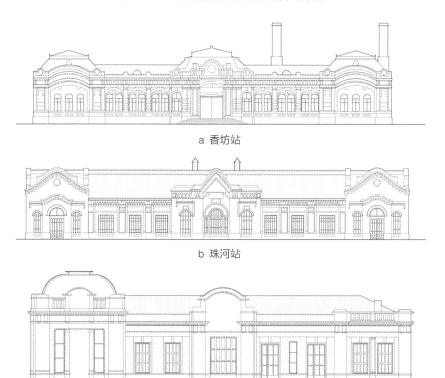

a 香坊站

b 珠河站

c 九江泡站

图 2.1-18　中东铁路折中主义风格车站站舍复原设计图

a 双城堡站旧貌（重建前站内一侧）　　　　b 双城堡站旧貌（站内一侧）

c 双城堡站旧貌（站外一侧）

d 双城堡站现状（站内一侧）　　　　e 双城堡站现状（站外一侧）

图 2.1-19　双城堡站

桥建筑通常能够横跨 2 至 3 条铁路线，两端搭建楼梯供旅客出入。（图 2.1-20）

中东铁路车站站舍建筑平面整体或者局部空间流线采用穿套式，在同一建筑平面上将出入口、检票通道、候车室、售票室、行李托办、电报室、站长室等不同功能房间串联布置，依次展开。中东铁路车站站舍建筑的这种空间平面组合方式，不仅适用于铁路运营初期站内外旅客的乘降疏导，而且使得站舍建筑与站前广场一起组成沟通车站内外的重要纽带，成为当时中东铁路用地道路网络的中心。（图 2.1-21）

实地调研中发现，中东铁路车站站舍建筑后期使用过程中多因客货运输实际需求重新进行室内空间划分，建筑结构及立面装饰也发生不同程度改扩建或拆除，很大程度上改变了原有建筑风貌。如扎兰屯、公主岭等站高等候车室建筑存在局部加建，改变原本非对称式、高低错落的立面构图；细鳞河、陶赖昭、公主岭等站主站房建筑在山墙两侧增建，将原建筑立面横向尺度扩大；乌海、窑门、

a 陶赖昭站天桥现状

b 窑门站天桥现状

c 窑门站天桥现状

d 窑门站天桥现状（局部）

e 窑门站天桥现状（局部）

f 窑门站天桥现状（局部）

图 2.1-20　中东铁路站内天桥建筑

图 2.1-21　扎兰屯站旧貌

陶赖昭、铁岭等站主站房原中式重檐马头墙改建为新艺术运动风格马头墙。此外，绝大多数中东铁路车站站舍建筑的屋面行龙、鸱吻、脊兽等装饰构件，以及面向站内站台一侧的檐廊均已拆除，原有清水墙面也普遍进行抹灰处理，掩盖砖石建材的原始肌理。（图 2.1-22）

a 公主岭站高等候车室现状（站外一侧）

b 窑门站高等候车室现状（站内一侧）

c 得利寺站主站房现状（站外一侧）

d 陶赖昭站主站房现状（站外一侧）

e 公主岭站主站房现状（站外一侧）

f 窑门站主站房现状（站外一侧）

g 陶赖昭站主站房复原设计图

h 窑门站主站房复原设计图

图 2.1-22　中东铁路车站站舍建筑

2.2 机车库及机车修理库建筑

铁路机车是铁路线路的主要运输工具，铁路机车主要由牵引机车和运载车厢两部分组成。中东铁路修筑与运营时期，承担铁路客货运输的运载车辆需要使用蒸汽机车牵引，运载车厢按照功能类型主要可分为客车车厢、货车车厢。1903年中东铁路正式运营时，全线拥有各类型蒸汽机车367台，其中43台处于维修状态，拥有客车535辆，各种货车5200辆。（图2.2-1）中东铁路运营初期所使用

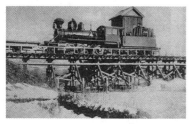
a 蒸汽机车

b 蒸汽机车

c 蒸汽机车

d 蒸汽机车

e 蒸汽机车

f 客车车厢

g 客车车厢

h 行李车厢

图 2.2-1 中东铁路运营初期使用的蒸汽机车、客车车厢及行李车厢

的蒸汽机车牵引力比当时俄国国内铁路普遍使用的四轴机车大25%，可牵引40至45辆运载车厢。为确保蒸汽机车的正常使用，需要定期或不定期对机车进行检修和保养。机车库及修理库是收纳、检修、保养蒸汽机车的重要场所，是确保铁路运营的重要建筑设施，一般临近铁路线路并平行设置。（图2.2-2）

中东铁路管理局机务处根据客货运输量、地理位置及铁路线路折返站点等因素综合考量，在中东铁路全线设置10处机务段，分别位于海拉尔、博克图、齐齐哈尔、哈尔滨、横道河子、绥芬河、公主岭、辽阳、瓦房店、大连等站。各等

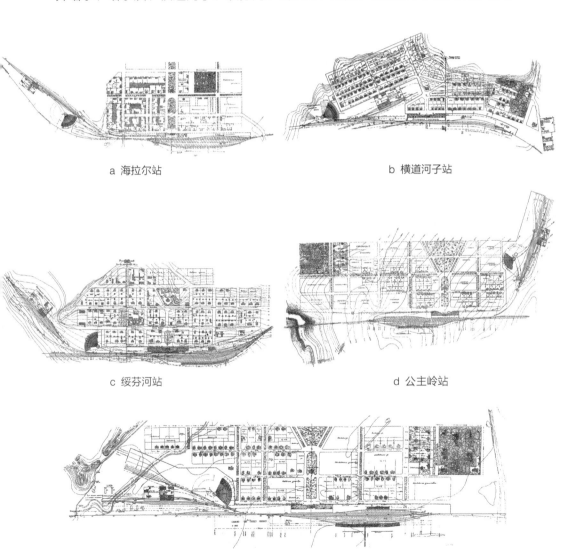

a 海拉尔站

b 横道河子站

c 绥芬河站

d 公主岭站

e 辽阳站

图 2.2-2 中东铁路机车库、修理库与站区、铁路线路位置分布示意图

a 海拉尔站扇形机车库

b 一面坡站扇形机车库

c 横道河子站扇形机车库

d 绥芬河站扇形机车库

e 公主岭站扇形机车库

f 辽阳站扇形机车库

g 磨刀石站矩形机车库

h 伊列克都站矩形机车库

i 赫尔洪德站矩形机车库

图 2.2-3 中东铁路各站机车库旧貌

级车站根据实际情况不同，修建永久性或临时性机车库及修理库，以此确保铁路修筑与运营时期的机务需求。中东铁路机车库根据平面形态不同可分为扇形机车库和矩形机车库两种类型。（图 2.2-3）

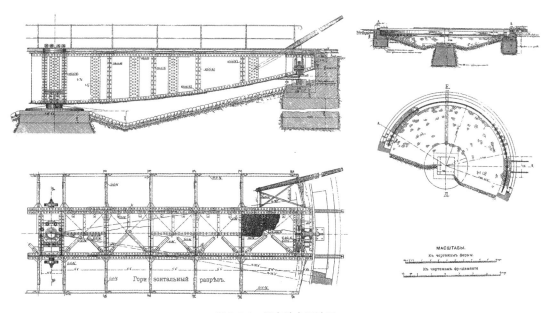

图 2.2-4　调车池台设计图

a　安达站扇形机车库及调车池台位置关系旧貌

b　大石桥站调车台现状

c　横道河子站调车台现状

d　横道河子站扇形机车库及调车池台位置关系现状

图 2.2-5　中东铁路调车池台

扇形机车库的完整体系包括库房、放射状轨道、调车池台三部分。扇形机车库由数量不等、规格相同的单体库位组合而成，调车池台的轴心盘与机车库每个库位通过轨道相连接，连接轨道一直延伸至库位终端，轴心盘通过旋转调动蒸汽机车方向，蒸汽机车通过调车池台的转盘连接轨道实现机车出入库。（图 2.2-4）（图 2.2-5）

扇形机车库通常修建在等级较高、客货量较大或地理区位重要的站点，如横道河子站修建由 15 个单体库位组成的扇形机车库，博克图站修建由 20 个单体库位组成的扇形机车库，公主岭站、绥芬河站、海拉尔站、满洲里站等站修建的扇形机车库均拥有 12 个以上单体库位。根据实地调查结合原始设计图纸，扇形机车库建筑形态与原始设计保持高度统一。扇形机车库的库位平面呈放射状长方形，面对调车池台一侧相对较窄，另一侧较宽，多个单体库位相互连接自然形成扇形合围状。（图 2.2-6）机车库库位采用单向横跨体系，库位空间纵深长度可达 23 米至 28 米间，横向纵深长度在 5 米至 8 米间，库顶采取拱券结构，拱券连接处由塔柱支撑，一般是将 4 至 5 个库位作为一个组合单位，使用砖、混凝土包裹塔柱砌筑成墙体作为隔断，每个组合单元内部无隔墙，由竖起钢架塔柱支撑，塔柱自入库口至库尾高度逐级递减。拱券上方屋面结构层中在横向、纵向使用宽、窄不同的钢筋肋条交叉捆扎，然后在钢筋肋条骨架外侧覆盖模板，浇筑覆盖混凝土，定型后即形成拱形屋面，屋面铺设中东铁路建筑常用的铁皮瓦。（图 2.2-7）每个库位拱形屋面彼此相连。塔柱由工字钢和钢筋肋条通过铆钉铰接形成中空网状结构，断面呈正方形。（图 2.2-8）（图 2.2-9）由于蒸汽机车的特性，驶入驶出库位时机车汽缸产生的大量煤烟、高温蒸汽会通过烟筒直接排放到室内。机车库顶部的拱券和梁柱结构对排烟会产生影响，高温或者有毒害气体会在短时间内上升聚集到顶棚，如不能有效排出库内则会快速蔓延至库内的每个角落，因此库位内会设置由排烟罩、排气管及烟囱组成的自然排风式排烟系统。排烟罩安置在库位内部拱券顶部，排烟罩、排气管与烟囱相连接突出于屋面。机车库内排烟罩开口向下，因此管烟囱高度越高，排烟效果越好。（图 2.2-10）每个库位内轨道下方开设排水沟槽，避免日常清洗、保养蒸汽机车时产生地面积水，槽底开挖宽度等于排水沟槽结构基础宽度，排水沟槽顶部安装铸铁盖。（图 2.2-11）

机车库库位山墙两侧顶部女儿墙山头采用三角形样式，边缘砌筑条形线脚，层层挑出增加装饰效果，女儿墙整体高于屋面，掩盖机车库顶部屋面结构。机车库建筑檐下部分边界使用卧砖砌筑层层出挑线脚，再与串联砌筑的锯齿状线脚相结合，丰富檐下装饰。库位面对调车池台一侧山墙开设出入口，入库门采用双扇矩形木门结构，门上方开设三角形亮子以增加室内采光，亮子上方砖砌人字形贴

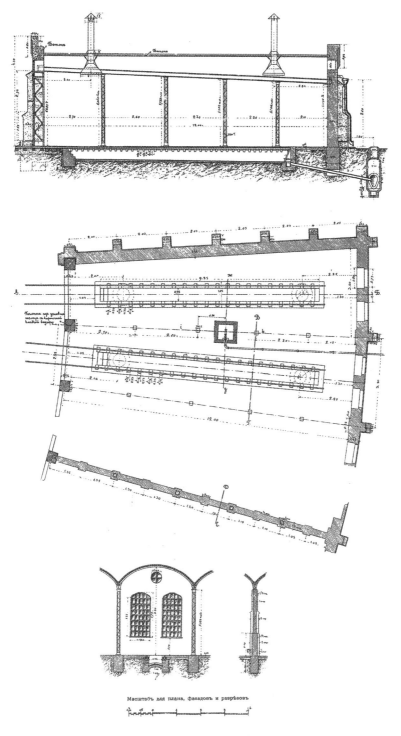

图 2.2-6　中东铁路扇形机车库设计图

a 横道河子站机车库   b 大石桥站机车库

图 2.2-7　中东铁路机车库库内

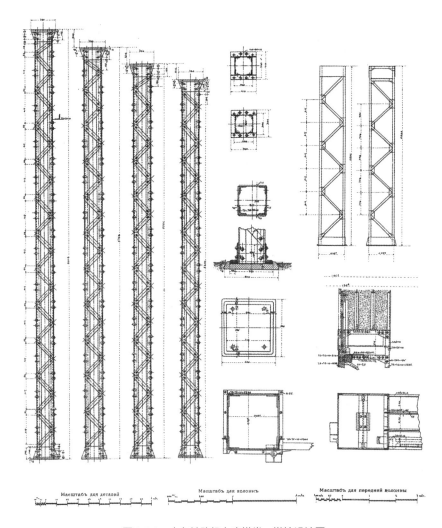

图 2.2-8　中东铁路机车库拱券、塔柱设计图

a   b

图 2.2-9 横道河子站机车库塔柱现状

 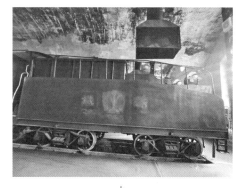

a   b

图 2.2-10 横道河子站机车库排烟罩现状

脸，中间砖砌拱心石。入库门以槽钢为框架，双扇门间不设立柱。（图 2.2-12）实地调研过程中发现，扎兰屯站、大石桥站等地机车库入库门均已损毁，根据对横道河子站机车库建筑的实地调研可知，中东铁路机车库入库木门采用三层结构，最外层以木板条呈 45 度角中心对称排列拼接，木门中间层使用毛毡、棉花等填充以起到密闭保温的作用，木门最内层使用木板垂直排列拼接并在水平及对角线方向钉入木板做加固处理。山墙另一侧开设矩形长窗，两扇为一组，窗楣券拱采用半圆券样式，中间砌筑拱心石，顶部有圆形通风口，通风口采用圆形全包围贴脸，垂直方向砌筑四个两两对称的拱心石。出于平衡钢筋肋条混凝土屋面带来的侧推力，机车库建筑墙体及转角两侧会砌筑阶梯状上窄下宽的两段式扶壁以增加稳定性，扶壁顶部与每段交接处会砌筑斜坡形成折角状轮廓，斜坡下端凸出并砌出层次感线脚，自上而下层层减砖，不仅具有较强装饰性，也有利于墙体自由排水。扶壁砌筑时使用平面式砌筑方法，砖材彼此间上下错缝且内外搭接，不会出现漏砌现象。扇形机车库采用的单向横跨体系加拱券结构，虽然结构简单、

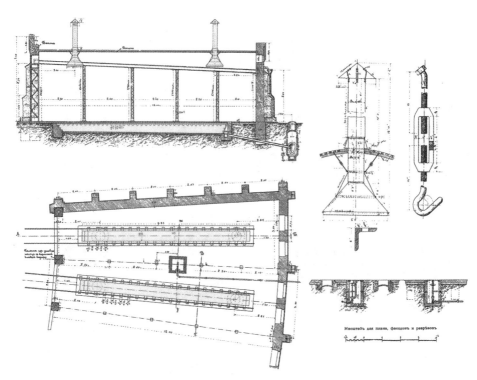

图 2.2-11　中东铁路机车库排烟系统、排水沟槽设计图及位置示意图

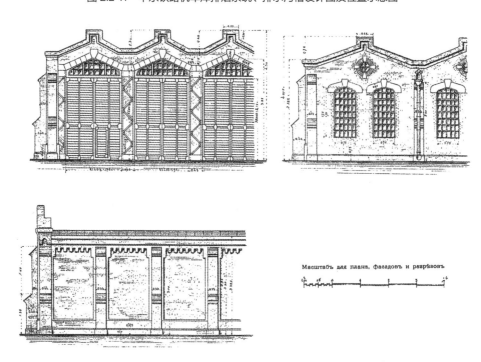

图 2.2-12　中东铁路机车库设计图（正立面、背立面、侧立面）

修建省时、成本较低，但是拱券结构增加了侧推力，加之建筑整体使用砖墙承重，需要在墙体外侧增加扶壁以稳固墙体，导致墙体开窗尺度和数量受限，因此在关闭入库门、无人工照明情况下仅依靠通过矩形长窗透入的自然光来提升室内照明，效果不理想，室内略显幽暗。（图 2.2-13）

矩形机车库建筑平面呈矩形，包括 2 个库位和 1 个库位两种类型，不设置放射状轨道和调车池台。矩形机车库多修建于站等较低车站或作为临时机车库使用，如磨刀石站、马桥河站、锡林河站、格罗德科沃站等站修建有 2 个库位的矩形机车库，石头河子站、伊列克都站、赫尔洪德站等站修建有 1 个库位的矩形机

a 横道河子站机车库入库门

b 满洲里站机车库矩形长窗

c 横道河子站机车库矩形长窗

d 大石桥站机车库矩形长窗

e 横道河子站机车库扶壁

图 2.2-13　中东铁路机车库局部

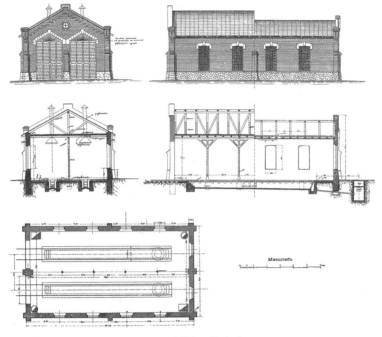

a 2个库位矩形机车库

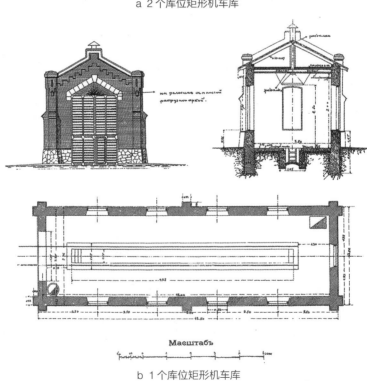

b 1个库位矩形机车库

图 2.2-14 中东铁路矩形机车库设计图

车库。矩形机车库除屋面采用人字形双坡屋顶结构及其相适应的梁柱支撑外，其他建筑结构、内部设施及立面装饰等方面与扇形机车库保持一致性。（图2.2-14）

机车修理库作为机车库的重要配套设施建筑，主要用于蒸汽机车检修或临时停放。中东铁路时期运营车辆如破损程度较大，需要送往设置在哈尔滨站的铁路总工厂或横道河子站、海拉尔站、绥芬河站、公主岭站、瓦房店站等站的专用机车修理库进行维修，日常保养及简单维修则由各机务段负责。（图2.2-15）哈尔滨站、海拉尔站、绥芬河站、公主岭站、瓦房店站的机车修理库由3个库位组成，昂昂溪站机车修理库由2个库位组成。机车修理库建筑平面采用矩形设计，蒸汽机车一般从铁路主线引入支线进入库内，无需借助调车台便可直接入库检修

a 哈尔滨铁路总工厂机车修理库旧貌

b 横道河子站机车修理库旧貌

c 公主岭站机车修理库现状

d 绥芬河站机车修理库现状

图2.2-15　中东铁路机车修理库

或停放。机车修理库除建筑平面采用矩形，在建筑结构、拱券结构、建材选取等方面均和扇形机车库保持一致。机车修理库山墙女儿墙造型相较于机车库山墙女儿墙造型更具装饰性，女儿墙山头砖砌券拱及洞口，由砖砌不同的排列组合形成的几何图案装饰。（图 2.2-16）根据实地调研及原始设计图纸可知，修理库采用

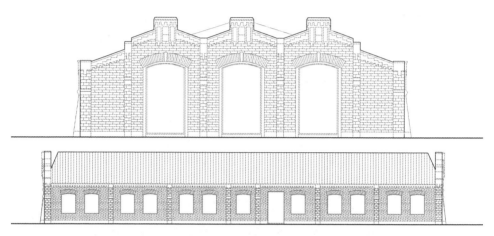

图 2.2-16　公主岭站机车修理库实测图（正立面、侧立面）

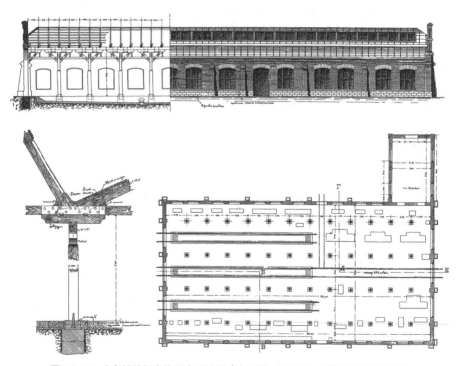

图 2.2-17　中东铁路机车修理库设计图（立面图、平面图、屋架和柱子构造图）

了屋架与砖墙混合承重结构，屋架和柱子使用粗壮圆木制作，混凝土柱础部分埋入地基内增加荷载承受，同时防止木质柱子受潮腐蚀，库内布置多排平行柱子，形成屋架、柱子和墙体的综合承重结构形态。（图 2.2-17）修理库墙体外侧扶壁同样导致开窗尺度和数量受限，为了增加修理库工作面采光效果，确保日常机车修理工作顺利开展，会在屋面设置天窗采光以增加室内采光。（图 2.2-18）天窗与屋架相结合组成锯齿状天窗，使用锯齿形天窗的机车库或修理库建筑室内不仅能直接获得从天窗透入的自然光线，而且相较于矩形天窗也更利于屋面反射光透入室内。在满足同样采光标准情况下，锯齿形天窗不仅使用玻璃面积少于常规的矩形天窗，而且采光率也高于矩形天窗。（图 2.2-19）

　　中东铁路总工厂作为当时最大的蒸汽机车修理场所，厂区范围内曾修建有锻造车间、装配车间、车轮维修车间等厂房建筑，用以满足大批量的中东铁路蒸汽机车日常维修需求。遗憾的是，中东铁路总工厂多数车间建筑已拆除，仅存锻造车间一栋，根据实地调研情况结合原始设计图纸，可归纳中东铁路总工厂各车间在建筑形态方面的某些共性特征。（图 2.2-20）（图 2.2-21）中东铁路总工厂各车

图 2.2-18　公主岭站机车修理库现状

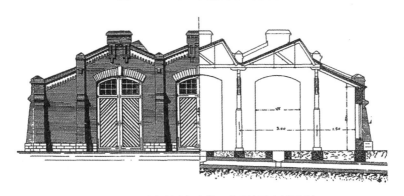

图 2.2-19　中东铁路机车修理库设计图（剖面图）

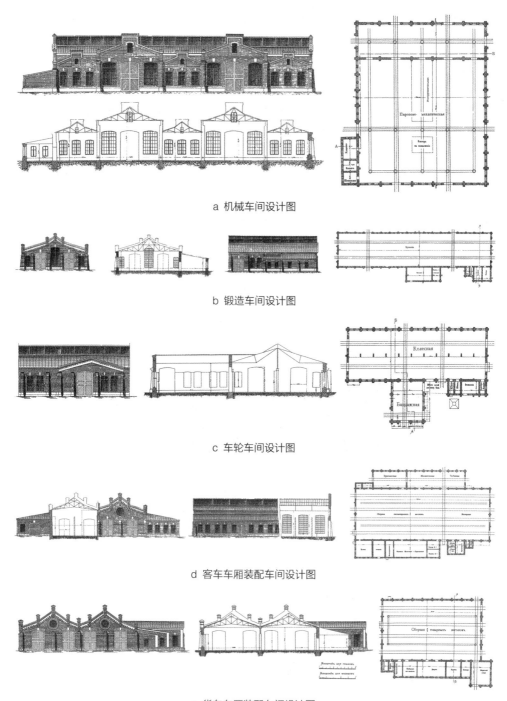

a 机械车间设计图

b 锻造车间设计图

c 车轮车间设计图

d 客车车厢装配车间设计图

e 货车车厢装配车间设计图

图 2.2-20　中东铁路总工厂各车间设计图

a   b   c

图 2.2-21　中东铁路总工厂锻造车间现状

间建筑均采用屋架和砖墙混合承重结构，屋架采用三角形屋架形式，上弦以工字钢为主要建材，下弦以双角钢为主要建材，立杆和斜杆多采用单角钢，彼此间用钢板和铆钉铆接；屋架根据跨度不同对应采用单跨、双跨或多跨等形式，当车间跨度较大时多采用多跨形式，三角形屋架间由双槽钢板铆接的塔柱衔接支撑。（图2.2-22）中东铁路总工厂各车间建筑平面以矩形为主，空间布局相对简单，由平面呈矩形的主车间和附属面积较小的车间共同构成，附属车间平面也为矩形。（图2.2-23）中东铁路总工厂各车间建筑同各站机车库、修理库建筑一样使用清水砖

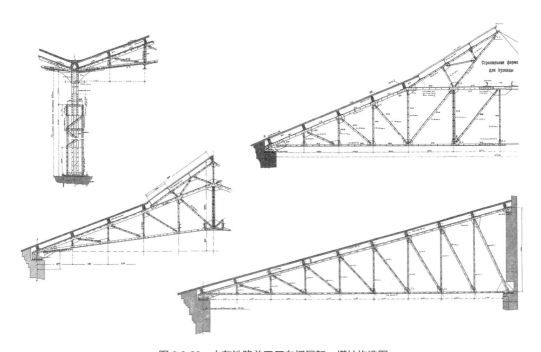

图 2.2-22　中东铁路总工厂车间屋架、塔柱构造图

砌墙体，主要装饰集中在山墙、扶壁、门窗洞口贴脸处，装饰处理手法也基本同机车库、修理库建筑保持统一，但同时也具有自身特性，即将山墙檐部处理成双折式，并在山墙顶部及折起处位置砌筑具有较强装饰突出向上塔柱，当屋架为多跨时山墙会形成高低错落的视觉效果，使得建筑立面更富装饰性。

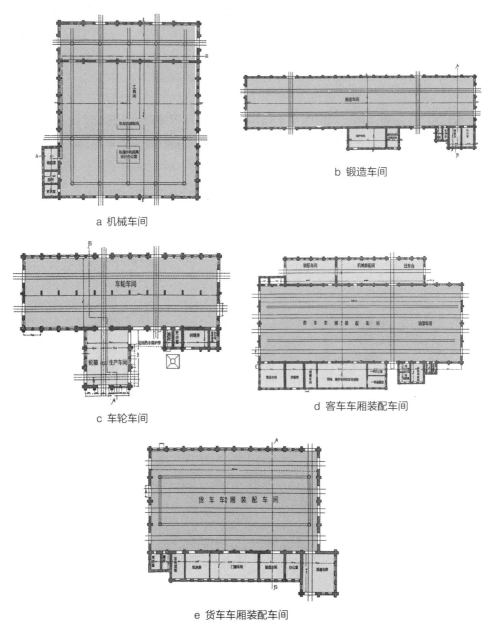

a 机械车间

b 锻造车间

c 车轮车间

d 客车车厢装配车间

e 货车车厢装配车间

图 2.2-23　中东铁路总工厂各车间平面功能分区图

2.3 给水设施建筑

中东铁路修筑和运营期间，除各等级车站站区设置给水设施建筑外，在铁路沿线会设置为运营车辆补水的巡逻点、给水站。负责为蒸汽机车给水的巡逻点、给水站通常是根据铁路运营使用蒸汽机车类型、煤水车水箱容量及货车往返各等级车站间的耗水量等因素经综合考量计算后进行设置，大致每隔 100 至 150 千米设置一处为蒸汽机车机动供水的巡逻点，每隔 25 至 30 千米设置一处给水站。（图2.3-1）

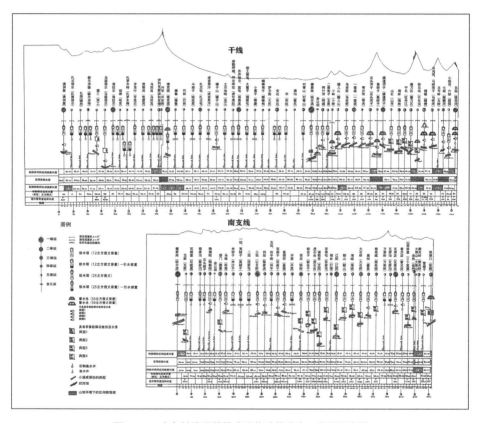

图 2.3-1　中东铁路沿线给水设施建筑分布、类型示意图

中东铁路时期，完整的给水设施建筑包括给水塔、取水井、集水井、蓄水池、汲水房、水鹤及输水管道网络等。地表水源或地下水源水经取水井采集后由管道进入集水井中沉淀、净化、消毒、软化后，通过汲水房内水泵输送至给水塔水箱内存储，给水塔水箱内存储的水再经输水管道送至水鹤给蒸汽机车补水或输

送至站区其他各用水处所。（图 2.3-2）中东铁路各等级车站、巡逻点和给水站根据地理环境、水源种类、客货运量及生产生活对水质要求等方面的不同，按照标准设计图纸修建相应建筑形态的给水设施建筑。

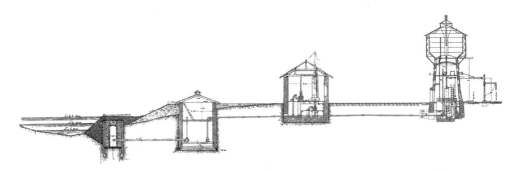

图 2.3-2　中东铁路给水流程示意图

a　高岭子站临时水箱

b　乌吉密站临时水箱

c　一面坡站临时水箱

d　宽城子站临时水箱

e　大石桥站临时水箱

f　河流桥梁旁临时水箱

图 2.3-3　中东铁路临时水箱旧貌

中东铁路修筑期间，在永久性给水设施建筑未完工前，各工区施工段内沿途桥梁、车站站区等处会修建临时水箱作为简易给水设施以保障沿途往来蒸汽机车补水及满足站区内生产生活用水需求。站区内临时水箱通常使用木材进行简易搭建，建筑形态没有统一规定，建筑平面一般呈矩形，采用双坡屋顶或四坡屋顶。临时水箱多采用木水槽，使用期限较短，不易防火、不耐腐蚀，且木质水槽易发生渗水、漏水现象。中东铁路沿线河流桥梁旁的临时水箱则采用更为简易的建筑形态，仅使用木材搭建支架后在顶部放置圆柱形铁皮桶来储水，以满足往来蒸汽机车补水需求。（图 2.3-3）

给水塔是蒸汽机车时代保证铁路正常运营的重要设施建筑，同时也是保证铁路用地内居住者正常生产生活用水的给水设施建筑。根据实地调研及原始设计图纸综合分析，中东铁路给水塔使用标准设计图纸修建，从立面构成上由水箱、塔身、基础三部分组成。中东铁路给水塔建筑顶部置水箱，水箱容量分为 12 立方俄丈、25 立方俄丈两种标准，12 立方俄丈约合 120 吨，25 立方俄丈约合 250吨，水箱根据容量不同分别采用球底式和英兹式两种模式。球底式水箱主要适用于 12 立方俄丈蓄水容量的给水塔，球底式水箱利用球壳状底部承受水箱内部水压，与平底式水箱相比在结构上更加趋于合理。英兹式水箱主要适用于 25 立方俄丈蓄水容量给水塔，英兹式水箱由圆柱、倒锥和球壳等组成，此结构组合能够将倒锥壳与球壳的水平向合力降到最低，减轻水箱的压力。（图 2.3-4）中东铁路给水塔水箱的壁体使用若干钢板拼接合围而成，外部以横向、竖向钢桁架和钢拉杆作为结构支撑；钢桁架和钢拉杆的外侧使用双层木板保温层，木板层间填充稻壳、锯末等保温材料；木板与钢板水箱壁体间保留一定空间作为空气保温层，进一步提升了保温效果，防止水箱内储水冰冻。水箱外部四周一般包裹木质板材外壳，木板横向叠加排列箍以铁条，水箱顶部檐口边缘或底部边缘一般会有锯齿状或阶梯状且中部镂空的木质装饰构件。（图 2.3-5）中东铁路给水塔塔身采用筒壁式建筑型制，筒壁式塔身的保温性能较好，能够较为有效地防止东北冬季寒冷干燥气候对给水塔内储水的影响。此外，筒壁式水塔刚度大、抗震性能好，而且工期短、造价低，符合中东铁路修筑时在工期、造价等方面的要求。筒壁式塔身具体可分为两种类型：一种是塔身上下直径基本相等的直筒式；一种是塔身下部直径大于上部直径，向内收分成圆锥体的非直筒式。给水塔塔身选择直筒式或非直筒式，与塔身顶部承载的水箱类型直接相关，承载英兹式水箱的塔身一般采用非直筒式。给水塔塔身内划分为一、二两层，由楼梯上下连接，便于检查给水塔内部设施，楼梯侧设置防护用楼梯扶手或栏杆。为了获得足够的压强将地表水或蓄水池内水输送至塔身顶部的水箱内，塔身内部安置有锅炉、水泵、加压输水管线

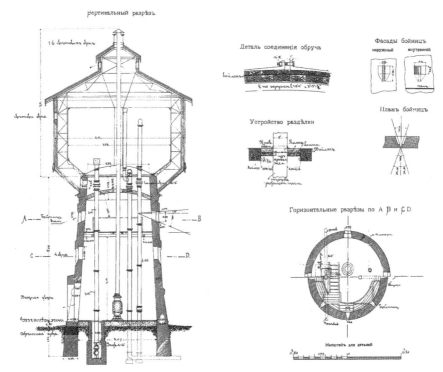

a 25 立方俄丈蓄水容量（英兹式水箱）给水塔设计图

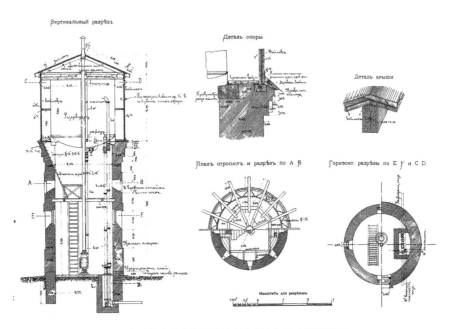

b 12 立方俄丈蓄水容量（球底式水箱）给水塔设计图

图 2.3-4　中东铁路给水塔设计图

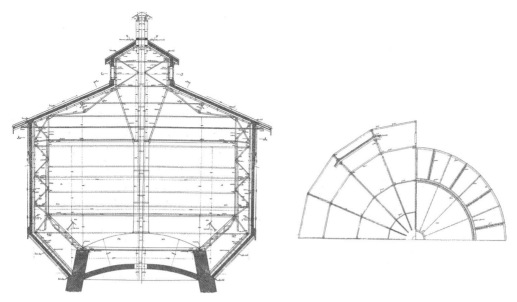

图 2.3-5 中东铁路给水塔（英兹式水箱）剖面图、平面图

a 中东铁路给水塔旧貌
（水箱容量 12 立方俄丈）

b 中东铁路给水塔旧貌
（水箱容量 25 立方俄丈）

c 哈尔滨铁路总工厂水塔现状

d 扎兰屯站给水塔现状

e 中德站给水塔现状

f 喇嘛甸站给水塔现状

图 2.3-6 中东铁路给水塔

等设备，以锅炉燃烧产生动力带动水泵、管线等扬水设备运转。塔身内部所安装的水泵根据水箱容量不同有所区别，水箱为 12 立方俄丈蓄水容量的给水塔安装地下式水泵，水箱为 25 立方俄丈蓄水容量的给水塔安装地上式水泵。塔身与水箱外部的连接处，一般会使用砖砌牛腿装饰，同时起到加固支撑作用。塔身开设外窄内宽喇叭形的窗洞，尽可能多接受室外阳光的同时能够尽量减少室内热量的损失。塔身在竖直方向要承载顶部水箱重量和塔身自重，因此给水塔塔身建造材料在选择上以砖材、石材为主，辅以铸铁或钢轨支撑。给水塔基础采用大体积的方形石材或不规则石材垒砌，不仅增加结构的坚固而且带有视觉效果的稳定感。（图 2.3-6）

当以车站站区附近或铁路线路沿途的江河、湖泊或溪流等作为地表水源时，通常采用岸边式取水模式，即在水的深度符合建设条件的前提下，在岸边修建集水井，采用非淹没式建筑形态，集水井与汲水房分开修建，使汲水房能够远离河床避免渗水情况的发生。位于河床内的取水井将经沉淀、过滤后的水通过管道输送至集水井内，再由抽水机将集水井内水输送至汲水房，再由汲水房配送至给水塔或水管网络。（图 2.3-7）当水源地地表水深度较浅需要自河床底部集水或者无地表水需要集取地下水时，会选取土壤具有足够透水性的区域直接修建深入河床底下或地下水层的集水井，通过铺设有孔管道修造暗渠的方式来集取水源，集水井和汲水房则会采取合建式形态，输水管线距离较短，便于日常管理。（图 2.3-8）中东铁路给水设施建筑中的集水井通常使用石料、混凝土等修筑，内设保温顶盖、导水管（进水）、吸水管（出水）及供养护或检修人员攀爬的旋梯等。（图 2.3-9）（图 2.3-10）

中东铁路途经部分地区为冻土地带，寒冷季节地表水和地下水易发生冻结导致集取困难，因此为保障当水源冻结导致供水量不足时生产生活所需用水量，沿线部分站区会修建蓄水池。（图 2.3-11）蓄水池容量在考虑正常用水量的同时，也将受自然气候影响产生的蒸发、渗透、结冰等水损失考虑在内，中东铁路给水

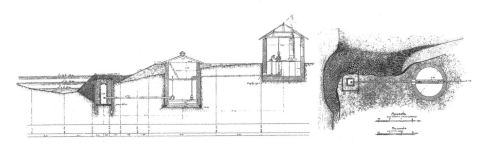

图 2.3-7　公主岭站附近河流取水井、集水井、汲水房关系示意图

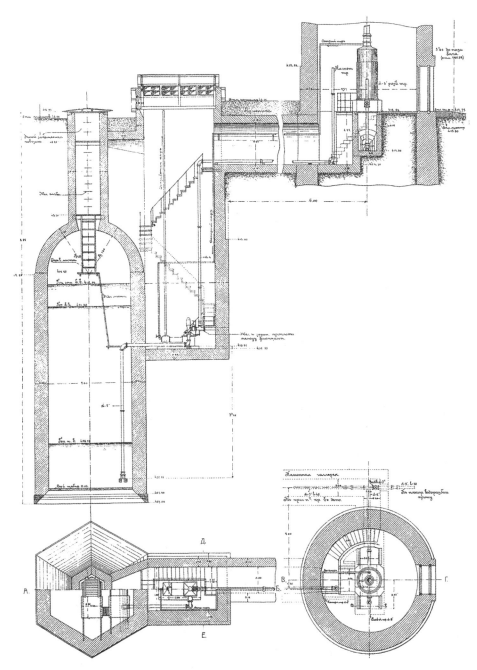

图 2.3-8　河床或地下水集水井、汲水房关系示意图

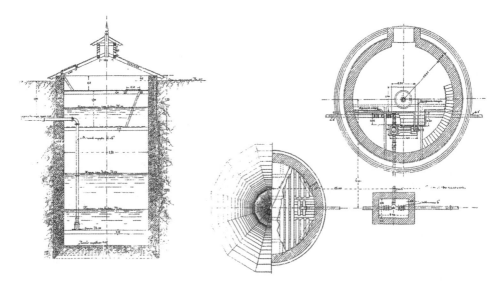

图 2.3-9　中东铁路集水井设计图

图 2.3-10　公主岭站集水井现状

a　中东铁路蓄水池修建情景　　　　　　b　公主岭站蓄水池现状

图 2.3-11　中东铁路蓄水池

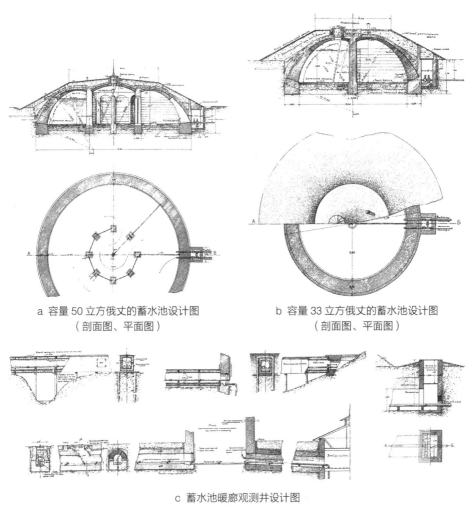

a 容量 50 立方俄丈的蓄水池设计图
（剖面图、平面图）

b 容量 33 立方俄丈的蓄水池设计图
（剖面图、平面图）

c 蓄水池暖廊观测井设计图

图 2.3-12　中东铁路蓄水池设计图

系统的蓄水池容量分别采用 50 立方俄丈和 33 立方俄丈两种容量规格。蓄水池使用石砖材及钢筋混凝土修筑，拱顶结构，拱顶开设通气孔，考虑到防寒防冻或恒温需求，通常会在顶部覆土，后期使用过程中多改为水泥覆顶。蓄水池一侧设置暖廊观测井，一方面避免进出水管道冻结，一方面便于管理人员随时观测蓄水池内蓄水量、水质变化等情况。（图 2.3-12）蓄水池附近配置修建汲水房，由水泵将水扬至给水塔或其他用水处。为满足扬程较高需要分段扬水时作为中间蓄水需求，蓄水池通常修建在地势较高的地方。（图 2.3-13）

汲水房内安装水泵、锅炉、引水装置等设备，能够将集水井或蓄水池内水通过管道网络输送至给水塔或其他用水处。根据汲水房建筑平面功能分区、设备安

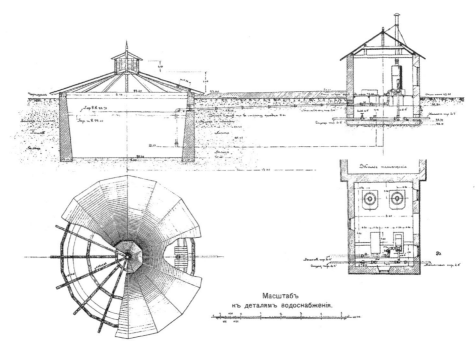

图 2.3-13　蓄水池、汲水房关系示意图

装数量、水源地位置等方面的不同，中东铁路汲水房建筑采用两种标准设计图纸，一种是群组建筑类型，一种是单体建筑类型。群组建筑类型即指汲水房建筑由汲水房、司炉工住房和马厩（兼具夏季厨房和仓库）三栋单体建筑组成，由围护墙体合围成矩形院落，对角线处有防御性碉堡，具有一定军事防御性。汲水房作为确保铁路运营及生产生活用水的重要给水设施建筑，出于安全防护考虑修建这种与军事哨所建筑形态相似、具备一定军事防御功能的群组建筑类型的汲水房。（图 2.3-14）单体建筑类型即指汲水房从平面布局层面将设备安置、司炉工食宿、仓储等不同功能空间囊括在一栋建筑之中。（图 2.3-15）汲水房为单层建筑，根据地区差异分别采用砖木结构或石木结构，双坡屋顶，立面纵向由毛石基础、砖砌或石砌主体、檐部及屋面等部分构成，山墙山花处相对简单的砖砌落影装饰线脚，墙体四周转角无隅石或砖砌线脚装饰，门窗贴脸使用弧拱券，券顶合龙砖位置砌筑突出于券身的拱心石。（图 2.3-16）

　　水鹤是给蒸汽机车补水的重要设备，给水塔通过输水管道与水鹤相连接，水鹤从给水塔中抽取水，输送至煤水车的水箱内，供蒸汽机车及客货车厢运行期间使用。连接水鹤与给水塔的输水管及水鹤、给水塔的管道口连接处由于暴露在室外，出于冬季防寒考虑通常会在外部包裹一层镀锌铁壳防止管内水冻结。（图

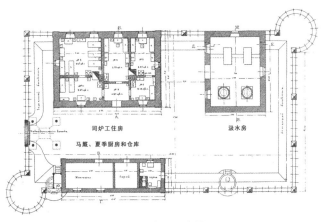

a 平面布局示意图

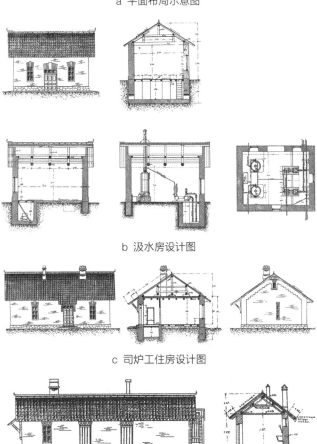

b 汲水房设计图

c 司炉工住房设计图

d 马厩、夏季厨房和仓库设计图

图 2.3-14 中东铁路汲水房设计图（群组建筑类型）

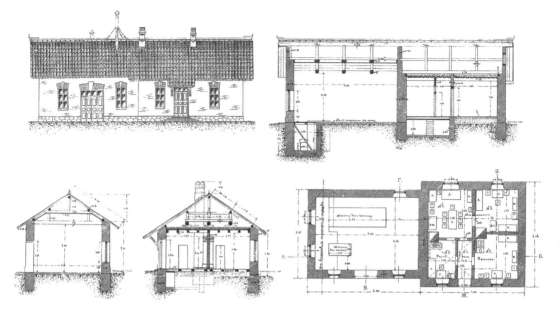

图 2.3-15　中东铁路汲水房设计图（单体建筑类型）

a　中东铁路干线汲水房旧貌

b　中东铁路干线汲水房旧貌

c　南支线布海站汲水房现状

图 2.3-16　中东铁路汲水房

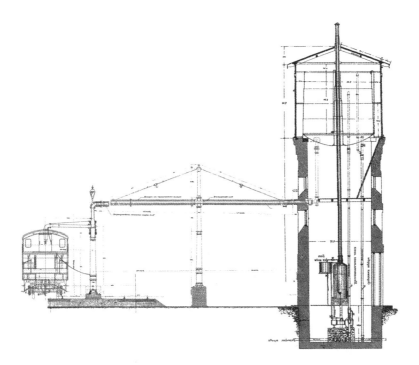

图 2.3-17　中东铁路煤水车、水鹤、给水塔间给水关系示意图

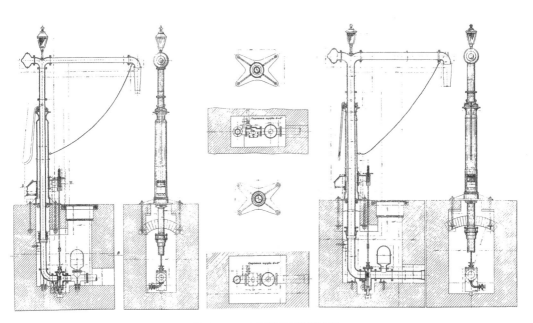

图 2.3-18　中东铁路水鹤设计图

2.3-17）水鹤由主阀装置、回转装置、安全装置、排水装置、开闭连杆装置、管道装置及水鹤室、水滴池等部分组成。中东铁路水鹤主阀装置采用卧式阀，水鹤室根据主阀装置的运动方式采用矩形建筑形态，包括室底、室壁、室盖及入孔口等，水鹤室建筑尺寸因水鹤管道直径不同略有差别。中东铁路水鹤的水鹤室通常会增加防寒台，避免水鹤在东北地区的冬季寒冷季节发生冻结影响车辆补水。水鹤上水后恢复定位时，由臂管所流淌的水会通过滴水池中的铁箅汇入水鹤室。（图 2.3-18）水鹤一般采用铸铁制作，具有防寒防冻功能，出水口造型形似鹤的头部，此种造型使水不易回流，适用于严寒及夜间等特殊环境条件。水鹤安装数量根据铁路线路各站蒸汽机车站停时间、库停时间的长短，以及实际用水量决定，中东铁路时期水鹤通常安装在站区客货车到发线、给水点或巡逻点的发线或机务段所在地整备线上，水鹤可满足两侧股道停靠的蒸汽机车上水需求。（图 2.3-19）

a 中东铁路时期水鹤旧貌

b 中东铁路时期水鹤旧貌

c 中东铁路时期水鹤（沈阳铁路陈列馆馆藏）

d 中东铁路时期水鹤（哈尔滨铁路博物馆馆藏）

图 2.3-19　中东铁路水鹤

2.4 桥梁及涵隧建筑

中东铁路途经地区的地形复杂、环境多样，因此架设桥梁、挖凿涵洞与隧道成为铁路修筑过程中的重要施工内容，桥梁与涵隧也成为中东铁路运营设施建筑的主要类型之一。中东铁路干线途经大兴安岭、长白山山脉地区，区域内山脉河流众多，地势起伏、海拔差距大，因此架设桥梁、挖凿涵隧工程量巨大，桥梁、涵洞、隧道数量众多，中东铁路全线最长的桥梁——松花江铁路桥、最长的隧道—兴安岭隧道均位于干线区域。中东铁路南支线途经今辽吉黑三省腹地，地貌以平原为主，个别地区为小丘陵地带，因此南支线线路沿线桥梁、涵洞修建整体数量少于干线，沿途也未挖凿穿山隧道。

中东铁路桥梁普遍使用当时较为先进的铁路桥梁设计理念及修造技术，中东铁路各类型桥梁通常由上部结构和下部结构组成，上部结构具体包括桥跨结构（梁）、桥面构造两部分，梁起到跨越阻碍并承受桥面荷载和交通活载的作用，桥面构造指蒸汽机车及客货车厢、行人通行的道路铺装，以及道砟、枕木、钢轨、护栏等；下部结构包括桥墩、桥台及基础等桥梁的支承结构。桥梁按照行车道设置在桥跨结构的不同部分可分为上承式桥梁、中承式桥梁和下承式桥梁，中东铁路桥梁主要分为上承式桥梁和下承式桥梁两种。中东铁路桥梁根据建筑材料、修造工艺等方面的不同，主要包括钢筋混凝土板式桥梁、工字钢结构桥梁、钢桁架结构桥梁及石拱桥梁等类型。据统计，中东铁路全线沿途曾修建有 700 余座各类型桥梁，其中超过 60% 为使用各类型金属建材修建的桥梁，修造金属材质桥梁的型钢及其他金属材料等构架建材多出自美国、波兰、比利时或俄罗斯等国制造厂商，修建桥梁石质桥台、桥墩及石拱桥的石料建材则就地取材选取本地石材。

钢筋混凝土板式桥梁结构简单、造价低廉、施工快捷，适用于较短跨径和轻载荷的实际情况。中东铁路钢筋混凝土板式桥梁主要适用于跨度较小的河流或沟壑处快速架桥需求，单跨跨度包括 1 俄丈、2 俄丈和 3 俄丈三种标准尺寸。（图 2.4-1）中东铁路钢筋混凝土板式桥梁结构简单，是由一系列平行的梁构成，梁架之间的间距为桥面板的宽度，梁架和板面均采用混凝土浇筑而成，板面上可以直接铺设路面材料，承受车辆和行人产生的荷载压力。桥墩、桥台同样采用混凝土浇筑而成，作为板式桥梁的支撑构件将桥面的荷载传递至地基上。钢筋混凝土板式桥梁受制于结构简单、造价低廉等因素，往往桥体缺乏装饰构件。中东铁路钢筋混凝土板式桥梁的桥体表面通常会使用不规则石块拼贴出虎皮石效果，桥洞边缘也会砌筑一圈券石，用以增加桥梁的整体装饰感。（图 2.4-2）

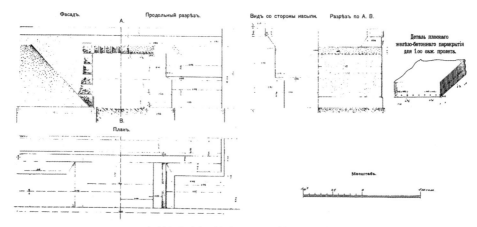

a 钢筋混凝土板式桥梁设计图（单跨1俄丈）

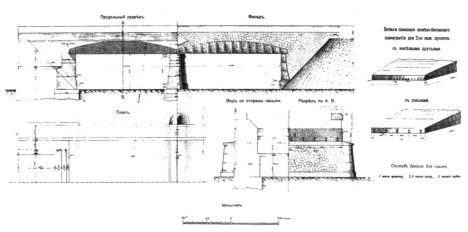

b 钢筋混凝土板式桥梁设计图（单跨2俄丈）

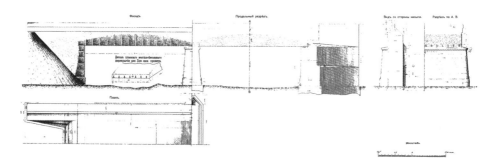

c 钢筋混凝土板式桥梁设计图（单跨3俄丈）

图 2.4-1　中东铁路钢筋混凝土板式桥梁设计图

a 中东铁路干线钢筋混凝土板式桥梁旧貌
（跨度2俄丈）

b 中东铁路干线钢筋混凝土板式桥梁旧貌
（单跨3俄丈）

c 中东铁路南支线老少沟站附近钢筋混凝土板式
桥梁现状

d 中东铁路南支线原松花江站附近钢筋混凝土板
式桥梁现状

图 2.4-2　中东铁路钢筋混凝土板式桥梁

工字钢结构桥梁建筑形态简单，工字钢作为高强度钢材自重轻、强度高，具有良好的承载能力和抗震性能。工字钢材料预制化程度高，通常采用预制组装形式，桥梁施工周期较短，适用于跨度相对较小的河流架设桥梁。工字钢桥梁的梁架采用单层结构，横向钢梁，承载桥面水平荷载，主梁采用工字形直腹板钢梁，两片主梁间设置纵梁和横梁组成的桥面，钢板间采用铆接。工字钢结构桥梁跨度较小时，桥梁下部结构无桥墩，桥体主梁架直接搭建在两侧石砌梁式桥桥台之上；当需要跨越相对较大的距离时，则根据实际需要通过拼接多个主梁实现，主梁拼接处采用桥墩支撑，桥墩顶部设有工作台用于日常维护使用，同时采取相应的加固和减震措施。同时，工字钢结构桥梁在上部结构和下部结构之间会设置桥梁支座，其作用是将桥梁上部结构在各种荷载作用下所产生的反力和变形传递给桥梁下部结构，使桥跨结构能够适受应温度变化、混凝土收缩徐变等因素影响所产生的位移，确保桥跨结构在桥墩位置充分固定不滑落。（图 2.4-3）桥梁支座作为桥梁上部结构和下部结构之间的重要部件，通常使用钢材制造，钢支座传力是通过钢的接触面间滚动、摇动和滑动来实现其变位和转动功能，因此钢支座承载能力较大。但是，钢支座因构造尺寸较大而会在制造时消耗更多的钢材，钢支座的刚度过大、传力急剧也更容易造成桥梁下部结构损坏，会增加使用过程中的维修成本。中东铁路钢桁架结构桥梁也会在上部结构和下部结构之间设置桥梁支座，作用原理及制造材质相同。中东铁路工字钢结构桥梁主要采用下承式承重结构，相比较上承式的承重结构，下承式在结构方面减少了桥面系，制造时会减少消耗钢材用料量，同时预制组装程度较高，运输和组装工作量相应较少，因此整体桥梁造价更低、工期更短，更适合中东铁路修筑时期对工程在工期和成本控制等方面的实际需求。（图 2.4-4）

中东铁路钢桁架结构桥梁是指使用钢梁为桁架作为上部结构主要承重构件的桥梁。钢桁架各杆件在工厂按照设计图纸制造后运抵铁路沿线工区进行铆接组装，然后将铆接完成的钢桁架配送至桥梁施工现场，在桥梁施工现场不需要太大的起重设备就可以完成大跨度桥梁结构的组装，施工十分方便。（图 2.4-5）在同样情况下，钢桁架结构桥梁与工字钢结构桥梁相比更适用跨度较大的桥梁架设，因此中东铁路途经嫩江、松花江、牡丹江、太子河、清河等大型河流的跨河桥梁修建多使用钢桁架桥梁的建筑形态。（表 2.4-1）（图 2.4-6）由于当时冶炼技术、铸造工艺及原材料等方面原因，中东铁路钢桁架桥梁所使用的钢梁含磷量普遍较高，钢梁韧性相对较差，钢梁裂纹会逐年增多。因此，随着时间推移中东铁路钢桁架结构桥梁在后期使用过程中多会因钢梁加固或替换新梁而改变桥梁原始结构，现今大多数桥梁已失去原始建筑形态风貌。如松花江铁路桥（陶赖昭站附近）横跨松花江，连接原中东铁路陶赖昭站和松花江站两地。松花江铁路桥由中东铁路工程局设计施工，1901 年 4 月 22 日动工，1902 年 3 月 28 日建成，全长 787.4 米，全桥共计 17 跨，单跨跨度 21.96 米（10 俄丈）至 76.8 米（36 俄丈）间不等，设计载重 E-40。松花江铁路桥建成初，铁路桥 17 孔中 2 孔跨度为 21.96 米，上承鱼腹钢桁梁结构；5 孔跨度为 76.8 米，曲弦下承钢桁梁结构；10 孔跨度为 33.5 米，上承钢桁梁结构。桥梁下部桥墩分为大墩和小墩两种，大墩基础采用矩形浆砌块石沉井，小桥墩基础采用双孔八角形浆砌块石沉井，墩台采用块石贴覆，石膏白灰沙浆砌筑。（图 2.4-7）后期使用过程中曾多次对桥梁进行钢桁架加固或更换及桥墩加固工程，该桥全 17 孔中第 1 孔、第 17 孔更改为上承鱼腹钢桁梁结构、单跨跨度改为 21.96 米；第 2 孔、第 3 孔更改为下承钢桁梁结构、单跨跨度改为 77 米；第 4 孔、5 孔、6 孔更改为下承钢桁梁结构、单跨跨度改为 76.8 米；第 7 至 16 孔更改为上承钢钣梁结构、单跨跨度改为 33.5 米。（图 2.4-8）中东铁路钢桁架结构桥梁的桁架是用钢板把多个钢制杆件铆接成平面杆系结构，若干个平面桁架彼此相连形成一个稳定的空间杆系结构。桁架由上下弦杆和腹杆组合而成，在桁架结构体系中，弦杆是组成桁架外围的杆件，包括上弦杆

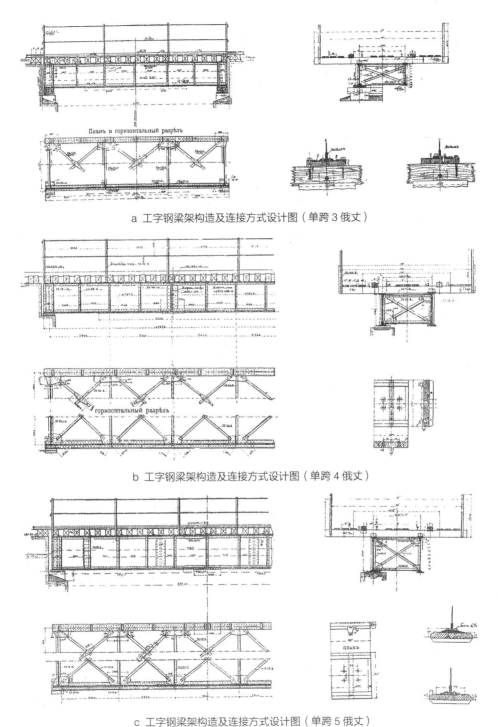

a 工字钢梁架构造及连接方式设计图（单跨 3 俄丈）

b 工字钢梁架构造及连接方式设计图（单跨 4 俄丈）

c 工字钢梁架构造及连接方式设计图（单跨 5 俄丈）

图 2.4-3　工字钢梁架构造及连接方式设计图

a 中东铁路干线工字钢结构桥梁旧貌
（跨度 3 俄丈）

b 中东铁路干线工字钢结构桥梁旧貌
（跨度 5 俄丈）

c 中东铁路南支线工字钢结构桥梁旧貌
（单跨 5 俄丈）

d 中东铁路南支线达家沟站附近
工字钢结构桥梁现状

e 中东铁路南支线达家沟站附近
工字钢结构桥梁现状

f 中东铁路南支线达家沟站附近
工字钢结构桥梁现状

图 2.4-4 中东铁路工字钢结构桥梁

a 待装配的钢桁架建材

b 待装配的钢桁架建材

c 组装过程中的钢桁架建材

d 装配完成装车待运输的钢桁架建材

图 2.4-5 中东铁路钢桁架结构桥梁建材装配、运输现场

表 2.4-1　中东铁路沿线钢桁架结构大型桥梁一览表

区间	名称	地理位置[1]	总跨度	修造者	修建时间
干线	松花江铁路桥	干线 892 俄里[2]处	445 俄丈[3]	连托夫斯基	1900 年 5 月 17 日至 1901 年 10 月 2 日
	嫩江铁路桥	干线 631 俄里处	305 俄丈	连托夫斯基	1901 年 7 月 8 日至 1902 年 3 月 28 日
	牡丹江铁路桥	干线 1231 俄里处	195 俄丈	斯维雅金	1900 年
南支线	松花江铁路桥	南支线 112 俄里处	345 俄丈	连托夫斯基	1901 年 5 月 4 日至 1902 年 1 月 28 日
	清河铁路桥	南支线 406 俄里处	300 俄丈	连托夫斯基	1902 年初至 1902 年 8 月
	浑河铁路桥	南支线 515 俄里处	345 俄丈	连托夫斯基	1902 年初至 1902 年 8 月
	太子河铁路桥	南支线 565 俄里处	195 俄丈	连托夫斯基	1902 年初至 1902 年 8 月

a 中东铁路干线牡丹江铁路桥旧貌

b 中东铁路干线嫩江铁路桥旧貌

c 中东铁路干线滨洲铁路桥旧貌（松花江）

d 中东铁路南支线浑河铁路桥旧貌

图 2.4-6　中东铁路钢桁架结构桥梁旧貌

[1] 桥梁地理位置：干线以满洲里西侧 0 千米处为起点，南支线以哈尔滨为起点。
[2] 1 俄里≈1.06 千米。
[3] 1 俄丈≈2.13 米。

和下弦杆，腹杆则作为连接上弦杆、下弦杆的杆件，按方向不同可分为斜杆腹杆和竖杆腹杆。弦杆、腹杆使用角钢、钢板通过铆接工艺连接组成，彼此间再用铆接方式组合成跨度不同、结构不同的桁架体系。根据实地调研结合原始图纸综合分析，中东铁路钢桁架结构桥梁根据跨越河流及每孔跨度具体情况分别采用上承

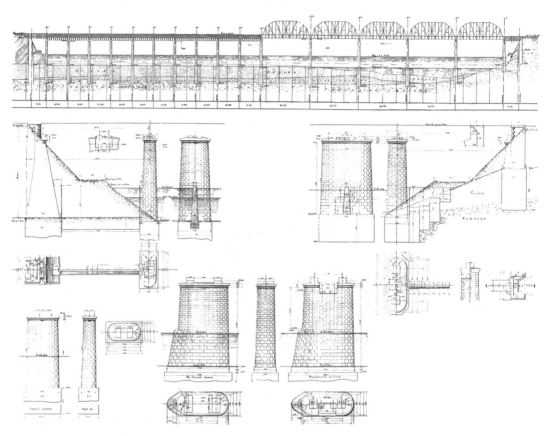

图 2.4-7　中东铁路松花江铁路桥设计图

a 中东铁路松花江铁路桥旧貌　　　　　　b 中东铁路松花江铁路桥现状

图 2.4-8　中东铁路松花江铁路桥

a 中东铁路上承式钢桁架桥梁旧貌
（跨度 10 俄丈）

b 中东铁路上承式钢桁架桥梁旧貌
（单跨跨度 10 俄丈）

c 中东铁路南支线 728 俄里上承式钢桁梁
结构桥梁（总跨度 180 俄丈）

d 中东铁路南支线 820 俄里上承式钢桁梁
结构桥梁（总跨度 80 俄丈）

e 中东铁路南支线 762 俄里下承式钢桁梁
结构桥梁（总跨度 80 俄丈）

f 中东铁路南支线公主岭站附近下承式钢桁
梁结构桥梁

图 2.4-9　中东铁路钢桁架桥梁旧貌

式钢桁梁结构或下承式钢桁梁结构。（图 2.4-9）以下承式钢桁梁结构为例，两片
主桁作为桥梁的主要承重结构，将桥梁恒载和蒸汽机车、车厢等运行产生的活载
等主力从桥跨传到支座；在两主桁上、下弦水平面内分别设置上平纵联和下平纵
联，形成桁架空间结构体系的上下两面。（图 2.4-10）桥门架设置在桁架空间结构
体系的两个端面，使作用在上平面的横向水平力能够通过桥门架传导到支座。（图
2.4-11）上承式钢桁架桥梁的端横联和下承式钢桁架桥梁的桥门架所起作用相同。
（图 2.4-12）大跨度桥架桥高沿跨径方向变化，主要采用曲弦钢桁梁结构，桁架
高度随弯矩的大小大致成正比变化，使弦杆内力较均匀，但是曲弦钢桁架的弦杆
和腹杆交角变化比较频繁，导致杆件长度各处各异，制造成本较高，因此仅见于
干线滨洲铁路桥、南支线松花江铁路桥这种特大型跨江桥梁的修建。（图 2.4-13）
中东铁路桥梁的桥面构造一般包括钢轨、轨枕、道砟、栏杆等基本部分，其中跨
度较大的钢桁架结构桥梁桥面构造则更为复杂，通常还会在明桥面轨道中心铺设

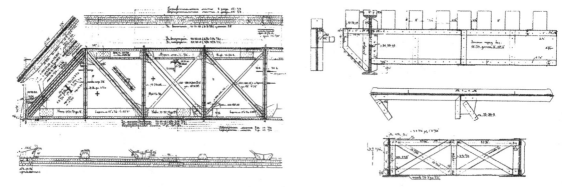

a 下承式钢桁架构造及连接方式设计图（跨度 10 俄丈）

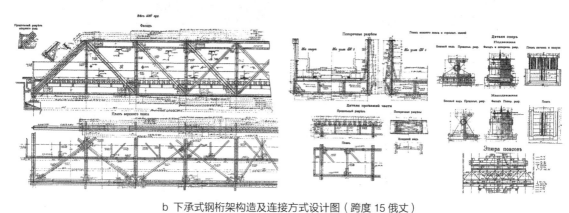

b 下承式钢桁架构造及连接方式设计图（跨度 15 俄丈）

图 2.4-10　中东铁路下承式钢桁架构造及连接方式设计图

a 中东铁路滨洲铁路桥桥门架

b 中东铁路松花江铁路桥桥门架

图 2.4-11　中东铁路下承式钢桁架结构桥梁桥门架

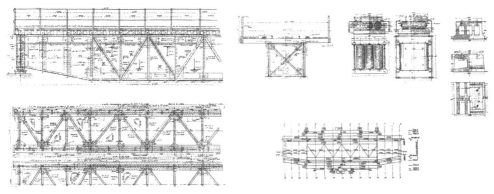

a 上承式钢桁架构造及连接方式设计图（跨度 10 俄丈）

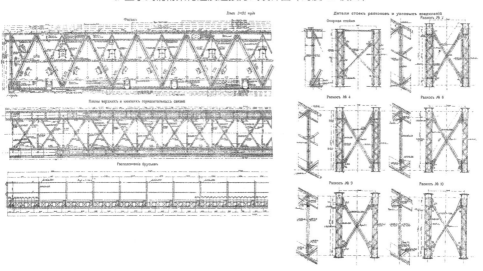

b 上承式钢桁架构造及连接方式设计图（跨度 15 俄丈）

图 2.4-12　中东铁路上承式钢桁架构造及连接方式设计图

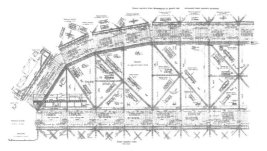

a 下承式曲弦钢桁架构造及连接方式设计图（跨度 35 俄丈）

b 中东铁路干线滨洲铁路桥局部旧貌

图 2.4-13　中东铁路曲弦钢桁梁结构

步行板。（图2.4-14）桥面两侧设置供道路养护人员工作及翻修道床时堆放道砟、枕木、钢轨等材料的人行道，人行道支架、栏杆、扶手多采用型钢制造预制件，以便于现场组装。（图2.4-15）

中东铁路石拱桥的上部结构包括拱券和拱上建筑，下部结构包括桥墩、桥台

a 中东铁路干线嫩江铁路桥　　　　　　　b 中东铁路干线滨洲铁路桥

图2.4-14　中东铁路大型钢桁架结构桥梁桥面轨道中心步行板

图2.4-15　中东铁路干线滨洲铁路桥桥面构造现状

和墩台基础。（图 2.4-16）拱券既是桥身主要受力构件，也是桥跨结构的重要组成部分，石拱桥拱券跨度和拱券数量根据铁路沿线河流宽度不同的实际情况适时调节；拱上建筑指桥面构造和拱券之间的填充部分。（图 2.4-17）拱券作为石拱桥桥身的主要受力构件，其形式及跨度直接影响石拱桥的承载能力。中东铁路石拱桥拱券形态包括坦拱、半圆拱和尖拱三种形式，坦拱、半圆拱的拱券结构相较尖拱具有更好的受压结构和连续结构特征。由于中东铁路石拱桥均为上承式桥梁，因此作为桥面构造与拱券间填充部分的拱上建筑采用了实腹式形态，实腹式有填充和砌筑两种方式。填充方式即使用形态各异、未经加工但表面平整的石

a 中东铁路干线石拱桥（跨度 1 俄丈）

b 中东铁路干线马桥河石拱桥（单跨 5 俄丈，共 7 拱）

c 中东铁路干线八道河子石拱桥
（单跨 6 俄丈，共 4 拱）

d 中东铁路干线石拱桥（单跨 10 俄丈，共 3 拱）

e 中东铁路南支线石拱桥（跨度 2 俄丈）

f 中东铁路干线石拱桥（跨度 5 俄丈）

g 中东铁路干线石拱桥（跨度 10 俄丈）

图 2.4-16　中东铁路石拱桥旧貌

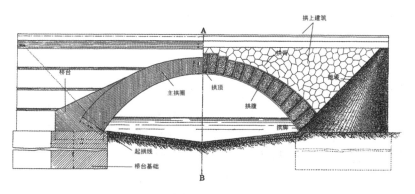

图 2.4-17　中东铁路石拱桥构造示意图

材砌筑拱上建筑主体，再使用砂浆等填充石材间空隙，不规则的石块边缘相互锁住，符合竖向受压要求，桥身具有较高稳定性；砌筑即使用经加工后的形态规整、表面平整的石块砌筑拱上建筑主体，每块石块尺寸基本相同，上下层间石块彼此错缝，石块间砂浆灰缝位置上下相对具有一定的规律性，表面纹理整齐，结构稳定性强。主拱圈两侧会砌筑侧墙用来保护填充的石材，并同时承受来自填充石材和往来车辆、行人产生的侧压力。使用浆砌片石或者块石砌筑在拱脚处的护拱能够起到保护拱脚位置主拱圈的作用，护拱在多跨石拱桥中也有利于防水层和泄水管的设置。桥面两侧会使用经加工的规整石块砌筑护栏，以保障交通运行安全，石拱桥护栏顶部作压顶处理，以增加桥体的厚重感和装饰性。（图 2.4-18）

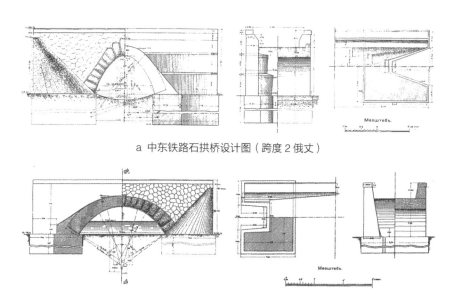

a 中东铁路石拱桥设计图（跨度 2 俄丈）

b 中东铁路石拱桥设计图（跨度 3 俄丈）

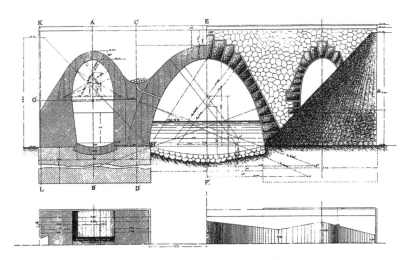

c 中东铁路石拱桥设计图（跨度 4 俄丈）

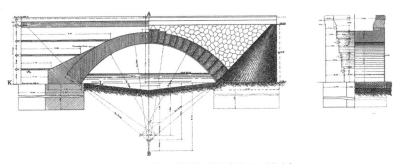

d 中东铁路石拱桥设计图（跨度 5 俄丈）

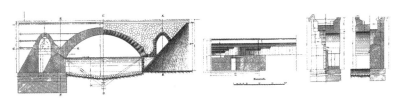

e 中东铁路石拱桥设计图（跨度 6 俄丈）

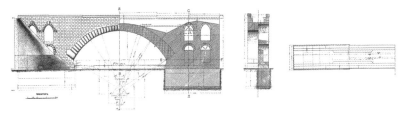

f 中东铁路石拱桥设计图（跨度 10 俄丈）

图 2.4-18　中东铁路石拱桥设计图（单跨）

石材作为天然建筑材料，获取相对容易且存量较大，粗加工或未加工均可用于建筑工程，因此石拱桥的修建适应中东铁路修筑时期对于加速工期、降低成本等方面的实际要求。此外，石材自身良好的耐久性、耐腐蚀性和耐风化性，可以降低桥梁的维修和养护频次，降低铁路日常运营成本支出。（图 2.4-19）但是，石拱

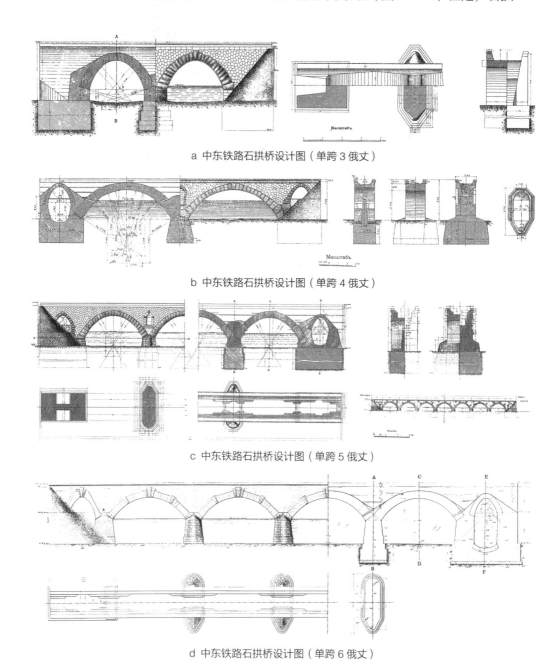

a 中东铁路石拱桥设计图（单跨 3 俄丈）

b 中东铁路石拱桥设计图（单跨 4 俄丈）

c 中东铁路石拱桥设计图（单跨 5 俄丈）

d 中东铁路石拱桥设计图（单跨 6 俄丈）

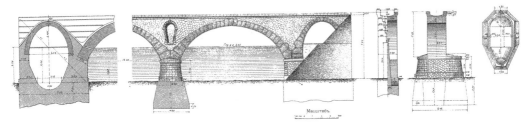

e 中东铁路石拱桥设计图（单跨 7 俄丈）

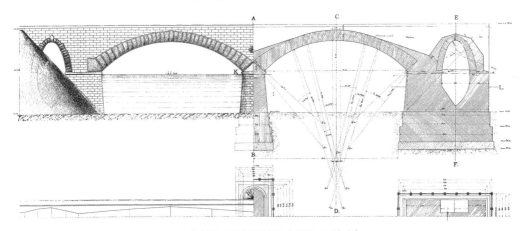

f 中东铁路石拱桥设计图（单跨 10 俄丈）

图 2.4-19　中东铁路石拱桥设计图（多跨）

桥建筑自身也存在着不可回避的缺点，石材自身密度大，同等体积情况下桥体自重更大，因此在中东铁路沿线途经大型河流时仍以架设钢桁架结构桥梁为首选。

　　桥梁的桥墩、桥台及墩（台）基础是桥梁下部结构的重要组成部分，中东铁路各类型桥梁的下部结构在设计理念、建筑构造、建材选取等方面存在很大程度的相似性。（图 2.4-20）桥墩和桥台又常合称墩台，主要作用是承受桥梁上部结构荷载的同时，通过墩（台）基础将荷载和本身的重量传到地基上。墩桥基础基底面砌筑成倾斜形态，使基底面与压力线近于垂直来增加基底滑移的稳定系数，使得桥体更加稳固。中东铁路桥梁的桥墩和桥台属于重力式墩（台），重力式墩（台）其自身重力和阻水面积较大，可以依靠自身重力来平衡外力而保持其稳定。墩台砌筑时通常采用经粗加工、表面平整的矩形石块，凭借石材吸水性弱、硬度强且自重大的特点可以有效抵御河流冲刷产生的冲击力，以及有效抵御河流中船体、漂流物、落石或河冰压力。但是，由于石块砌筑的墩台自重较大，对地基承载力要求较高，工程量也相对较大。中东铁路桥梁的桥墩通常由墩帽、墩身和基础三部分组成。通过实地调研及结合原始图纸综合分析，中东铁路桥梁桥墩

c 中东铁路桥梁桥墩

b 中东铁路桥梁桥墩

c 中东铁路桥梁桥墩

d 中东铁路桥梁桥台

e 中东铁路桥梁桥台

f 中东铁路桥梁桥台

图 2.4-20　中东铁路桥梁墩台

构造属于实体式桥墩，按照墩身横截面形制可分为圆端形墩和尖端形墩两种主要形制。（图 2.4-21）实体式桥墩自身重量、截面尺寸较大，可以有效承受来自竖直方向和水平方向的荷载。圆端形墩身和尖端形墩身虽然施工流程较为繁琐，但其对水流干扰较小，能够有效减少桥墩对水流的阻力，起到减缓水流对桥墩冲击力的作用，即便水流稍有偏斜也能顺利通过。此外，圆端形墩身和尖端形墩身横

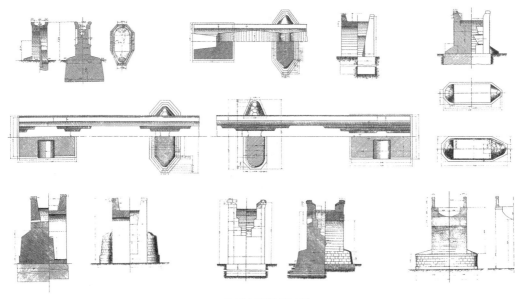

a 石拱桥桥墩设计图

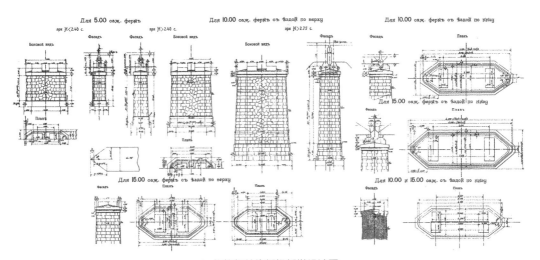

b 钢桁架结构桥梁桥墩设计图

图 2.4-21　中东铁路桥梁桥墩设计图

桥向长，顺桥向短，能够较好地承受船撞击、流水、横向地震等作用力。桥墩墩帽直接支承桥跨结构，应力比较集中，因此墩帽具有一定厚度，将桥跨结构传来的集中力均匀分散至墩身；墩帽通常下设托盘过渡，以使墩身截面尺寸不至于过大。（图 2.4-22）中东铁路桥梁桥台为梁式桥台，桥台由台顶、台身和基础三部分组成，分为带洞桥台和不带洞桥台两种建筑形态。梁式桥台具有较大的截面尺

寸及较大的自重，能够有效承受竖直方向和水平方向的荷载，同时具有施工较简易、养护工作量较小的特点。桥台台顶包括顶帽、台顶纵墙和道碴槽等主要结构，台身包括纵墙、横墙等主要结构。（图 2.4-23）桥台设置在桥梁的两端位置，除起到支承桥梁上部结构作用之外，还能起到桥梁和路堤衔接并防止路堤下滑或坍塌的作用。桥台的作用除了传递桥梁上部结构的荷载到基础外，同时承受路基填土的水平推力，稳定桥头路基，使桥头线路和桥上线路可靠而平稳地连接。

图 2.4-22　松花江铁路桥桥墩

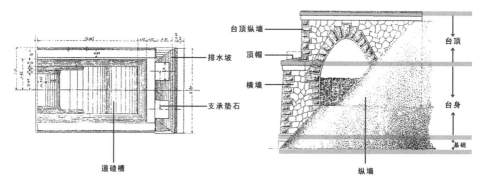

图 2.4-23　中东铁路桥台构造示意图

　　涵洞作为横穿路堤的铁路设施建筑物，主要用于解决铁路线路铺设铁轨两侧因落差形成的积水或汇水问题，以及供铁路线路两侧人流穿行通过。由于中东铁路途经区域的山区及丘陵地形地貌和气候条件，中东铁路沿线各种跨度的大小涵洞曾多达数百座，以便于铁路运输顺畅、交通安全及人流穿行。（图 2.4-24）中东铁路涵洞属于暗涵，涵洞顶部填土，多适用于深沟渠或高路堤路段。中东铁路涵洞主要由洞口、洞身和基础三部分组成。（图 2.4-25）涵洞洞口位于洞身两端，洞口作为洞身、基础和沟渠间连接构筑物的同时也起着确保水流进出涵洞畅通的作用，避免基边坡受水流冲刷而导致泥土或碎石滚落，增加其稳定性。中东铁路涵洞洞口主要形式有端墙式和翼墙式两种。端墙式洞口结构简单，由一道垂直于涵洞轴线竖直的端墙及帽石、基础组成，端墙左右两侧修砌护坡，端墙式洞口圬工量较小，施工简易快捷，但是水力特性欠佳，多用于排水量较小路段。翼墙式

a 中东铁路干线涵洞（跨度 0.5 俄丈）

b 中东铁路干线涵洞（跨度 3 俄丈）

c 中东铁路干线兴安岭附近涵洞（单跨 3 俄丈）

d 中东铁路南支线涵洞（跨度 0.75 俄丈）

e 中东铁路南支线涵洞（跨度 2 俄丈）

f 中东铁路南支线涵洞（跨度 2.5 俄丈）

图 2.4-24　中东铁路涵洞旧貌

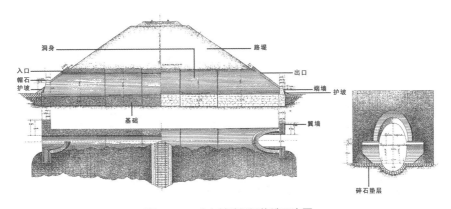

图 2.4-25　中东铁路涵洞构造示意图

洞口在洞口端墙两侧会设置向外展开成八字形的两道端翼墙，可以将水流在涵前形成壅水，再经翼墙导流涵洞内通过。翼墙起到集中水流、引导排出的作用，避免水流直接冲刷路堤，保障路基、路堤坡率及稳定性。翼墙式洞口圬工量虽然较大，但是水力特性较好，多用于排水量较大或高路堤的路段。（图2.4-26）洞身是涵洞的主体部分，承担排水及交通作用的同时承受路堤填土自重及由路堤填土传导的铁路运营车辆的活载压力。中东铁路涵洞洞身横截面主要包括椭圆形涵身、拱形涵身两种，跨度包括0.5俄丈、0.75俄丈、1.0俄丈、1.25俄丈、1.5俄丈、1.75俄丈、2.0俄丈、2.5俄丈、2.75俄丈、3.0俄丈、4.4俄丈等多种标准尺寸，涵身长度则受涵洞顶部铁轨路基宽度及路堤宽度制约，也直接影响路基、路堤坡率及稳定性。（图2.4-27）椭圆形涵身适用于排水流量较小的路段，因此跨度较小；拱形涵身承载力较强，适用于排水量较大的路段，涵身多为大跨度。涵身承受荷载及填土压力经拱券传递给地基。石涵要求基础坚实稳定，中东铁路途经大兴安岭地区，地质情况相对复杂，涵洞基础底部通常采用碎石铺覆，碎石间接分散压力，可以有效改善强度不均匀的松软土地，防止基础受力不均，避免涵洞荷载过大可能导致的整体坍塌。涵洞使用一侧平坦、不规则的多角石块拼贴砌筑，以确保洞口、洞身表面平坦以利于水流畅通流淌，石块间隙填充砂

图2.4-26 中东铁路南支线松花江站至窑门站段涵洞现状

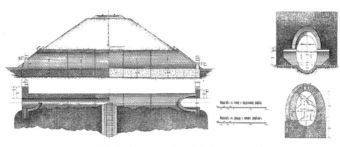

a 中东铁路涵洞设计图（跨度 0.5 俄丈）

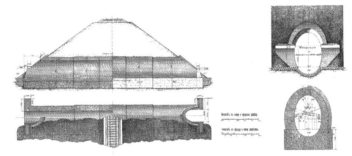

b 中东铁路涵洞设计图（跨度 0.75 俄丈）

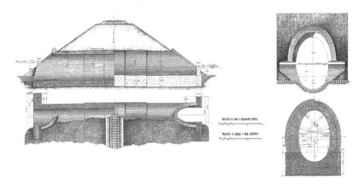

c 中东铁路涵洞设计图（跨度 1 俄丈）

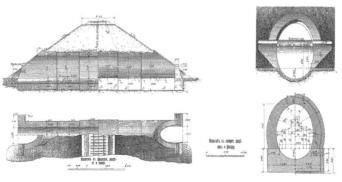

d 中东铁路涵洞设计图（跨度 1.25 俄丈）

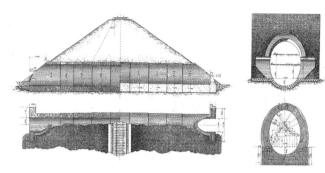

e 中东铁路涵洞设计图（跨度 1.50 俄丈）

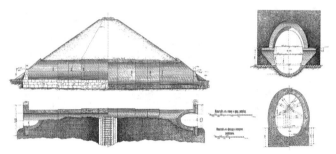

f 中东铁路涵洞设计图（跨度 1.70 俄丈）

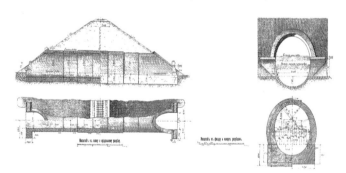

g 中东铁路涵洞设计图（跨度 2 俄丈）

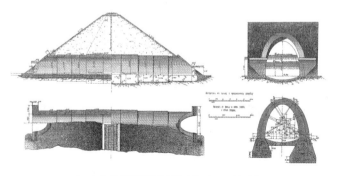

h 中东铁路涵洞设计图（跨度 2.5 俄丈）

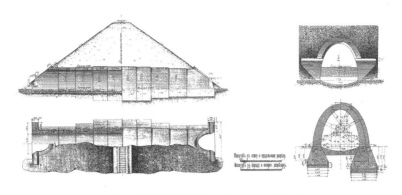

i 中东铁路涵洞设计图（跨度 2.75 俄丈）

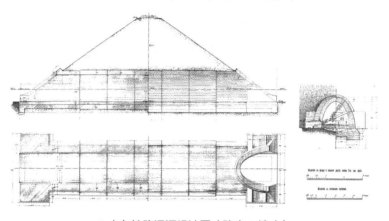

j 中东铁路涵洞设计图（跨度 3 俄丈）

图 2.4-27　中东铁路涵洞设计图

浆，墙面呈现出裂痕式样纹路。这种砌筑方式对石材要求不高，修建过程较为简单，建造成本也较低，但是同时也具有较高的稳定性，适用于中东铁路修筑初期对施工质量、建造成本及施工工期的客观要求。

中东铁路干线，尤其是代马沟站至绥芬河站段途经长白山山脉地区，地势起伏，蒸汽机车运行往往会遇到高程或平面障碍，需要掘进山体修建隧道以使得铁路线路顺直，减少线路纵坡，从而提升牵引定数，完成通行、转弯、提升高程等车辆运行需求，因此中东铁路隧道建筑多为山岭隧道类型。（图 2.4-28）中东铁路隧道建筑可分为主体建筑物和附属建筑物。主体建筑物主要指隧道洞身永久性支护结构，即衬砌和洞门；附属建筑物主要指保障隧道正常运营所需而修建的各种辅助设施，如兴安岭隧道洞门两侧的碉堡等。中东铁路隧道掘进开凿后使用石材砌筑洞身内衬砌来承受岩体作用等造成的外荷载，并合围出稳定空间形态，上部为拱形，两侧为直线形或曲线的边墙，底部为底板，底板两侧挖掘排水沟，中

a 隧道长度 75 俄丈，端墙式洞门

b 隧道长度 35 俄丈，端墙式洞门

c 隧道长度 198 俄丈，端墙式洞门

d 隧道长度 51.5 俄丈，端墙式洞门

e 隧道长度 120.85 俄丈，端墙式洞门

f 隧道长度 36 俄丈，端墙式洞门

图 2.4-28　中东铁路干线代马沟站至绥芬河站段隧道旧貌

间铺设铁轨。砌筑衬砌的石材多为经加工的形态规整的矩形石块，石块按成层式有序叠砌，或错缝砌筑，或拼接砌筑，石块间彼此咬合紧密，缝隙使用灰浆填充处理，因此隧道内墙表面石块与石块间合缝隙清晰可见，规律整齐的同时也不免略显单调感。（图 2.4-29）洞门是隧道洞口用圬工砌筑并具有建筑装饰性的支挡结构物，保证洞口铁路线路的安全运营，是隧道结构的主要组成部分。洞门能够支挡隧道洞口正面仰坡和路堑边坡，拦截上方土石块体的剥落或掉块，保持仰坡和边坡的稳定，同时也能够将坡面汇水引离隧道。中东铁路隧道洞口因所处地形、地质条件的差异，洞门分别采用了端墙式洞门和柱式洞门。其中，端墙式洞

图 2.4-29　中东铁路隧道内部旧貌

门最为常见。端墙式洞门由端墙和洞顶排水沟渠组成。端墙砌筑在洞口正面，稍向内倾，有利于抵挡隧道所在山体纵向推力及保持洞口正面上方仰坡稳定，端墙上方高出地面的一截以挡住滚石，洞顶排水沟渠将仰坡流来的雨水汇集后排泄到隧道区域以外，避免隧道洞口积水。在隧道所处山体石质稳定、洞口位置地形开阔的情况下，隧道洞口通常使用端墙式洞门。中东铁路全线共修建 9 个隧道，其中干线兴安岭隧道工程最大，全长 3077 米，高于海平面 970 米，直至 1903 年 11 月才最终建成。兴安岭隧道地形较为陡峭，又受地质条件限制，在端墙中部设置两根断面较大的柱墩以增加端墙稳定性，这种柱式隧道洞口相较端墙式洞门更具美观性。（图 2.4-30）隧道口两侧土坡为防止雨水冲刷产生的砂石滚落威胁到铁路交通运行安全，通常会使用石材砌筑护坡。砌筑护坡选用的石材多为一面平坦经粗加工或未加工的石材，以使砌筑的护坡表面平整，石材间缝隙依旧使用碎石和灰浆填充以加固。洞门作为隧道唯一的外露建筑部位，洞门一圈会砌筑券石，在增加装饰性的同时也能够起到承重作用。

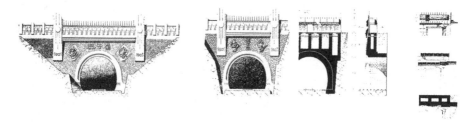

a 兴安岭隧道设计图

b 兴安岭隧道旧貌 　　　　　　　c 兴安岭隧道旧貌 　　　　　　　d 兴安岭隧道现状

图 2.4-30　中东铁路兴安岭隧道

3 居住建筑形态与构成

　　现阶段，居住建筑是中东铁路工业遗产留存数量最多、分布范围最广的建筑类型。19 世纪末至 20 世纪上半叶，随着中东铁路的修筑与运营，负责设计、监督中东铁路建筑施工及维护线路运营等各种工作的俄籍铁路职工及其家属大量涌入中国东北各地。（图 3.1-1）中东铁路工业遗产居住建筑依然遵循标准化的设计理念，在铁路修筑及运营期间中东铁路工程局、中东铁路管理局在铁路沿线各站铁路用地及市街用地内修建大量标准化的居住建筑，同时也会根据居住者任职级别、家庭人口数量、车站等级及区域条件等方面差异进行建筑选材、砌筑手法、局部装饰等方面的适应性调整。标准设计图纸中不仅对室内空间进行明确功能分区，而且对家具用品也进行符合俄籍移民生活习惯的统一布置，便于居住者快速入住。中

a 阿什河站工作人员

b 博克图站工作人员

c 太岭站工作人员

d 扎兰屯站工作人员

图 3.1-1　20 世纪早期中东铁路部分车站工作人员合影

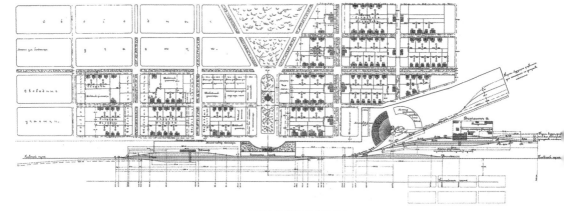

a 二等站铁路用地规划图

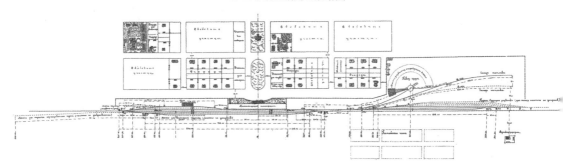

b 三等站铁路用地规划图

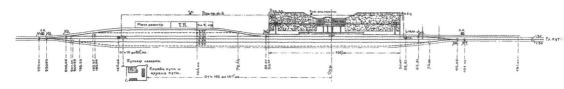

c 四等站铁路用地规划图

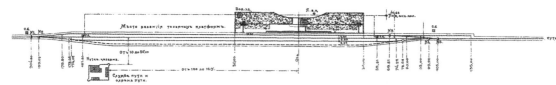

d 五等站铁路用地规划图

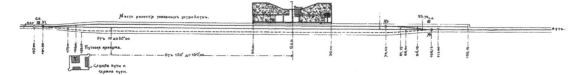

e 会让站铁路用地规划图

图 3.1-2 中东铁路各等级车站铁路用地标准规划图

a 满洲里站（二等站）

b 横道河子站（二等站）

c 辽阳站（二等站）

d 瓦房店站（二等站）

e 穆棱站（三等站）

f 磨刀石站（四等站）

g 代马沟站（五等站）

图 3.1-3　中东铁路各等级车站铁路用地旧貌

东铁路铁路用地和市街用地规划布局中一般将供给铁路职工使用的居住建筑设置在铁路线路的单侧或者两侧。在铁路线路单侧或者两侧网格状或方块状的街区道路两侧修建一定数量、标准化的居住建筑形成组群，这种规划布局在使街区内整齐划一的同时，也有助于在寒冷冬季组群内建筑彼此间提供庇护保障，一定程度减少单体居住建筑的能源消耗。（图 3.1-2）中东铁路干线途经长白山余脉，地势起伏，多山河相间地貌，在规划铁路用地和市街内居住建筑组群时除布置在山河间平坦区域内外，还会依据山势起伏而建或者与河流走势相平行而建。（图 3.1-3）

居住建筑主要用于满足中东铁路职员及其家属等日常居住生活需要，沿线各车站根据等级不同所需保障铁路正常运营职员数量有所差异，因此相应的各车站铁路用地和市街用地内修建的居住建筑在形制、规模及数量等方面也存在不同。根据实地调研结合原始设计图纸分析，中东铁路居住建筑主要分为三种形态，即独户型住宅、联户型住宅和集合型住宅。

3.1 独户型住宅建筑

结合实地调研及原始设计图纸、影像资料分析，独户型住宅建筑应是供给当时中东铁路职位级别较高的职员及其家庭居住使用的住宅类型，在原中东铁路一等至五等站均有分布，具体分布数量自一等站、二等站往下逐级递减，个别三等或四等、五等站甚至不修建此类型居住建筑。中东铁路车站等级划分时依据客货运营量指标，车站等级越低客货运营量相应越少，所需铁路职员数量及职务级别也会相应减少和降低，因此独户型住宅建筑的需求量便也相应减少。中东铁路独户型住宅建筑依据具体建筑形态与构成可分为两种类型，即单层独户型住宅和多层独户型住宅。

3.1.1 单层独户型住宅

单层独户型住宅立面采用典型西式建筑横三段式构图，即由毛石基础、砖砌建筑主体、檐部及屋面三部分组成，整体呈典型俄罗斯风格。根据实地调研及原始设计图纸、影像资料等文献综合分析，虽然单层独户型住宅建筑根据面积、空间平面组合方式、功能布局等方面差异可分为多种不同规格，但是不同规格的单层独户型住宅在建筑结构、建筑装饰、功能布局及建材选取等方面均存在一定相似性或统一性，体现出中东铁路工业遗产在建筑设计、施工方面的模块化特征。

单层独户型住宅普遍采用砖（石）木结构，即砖（石）承重墙体加木屋架的建筑结构形态。木屋架一般搭建在承重墙体或有结构支撑作用的木柱上部，这种结构的力学强度适用于单层坡屋顶建筑。单层独户型住宅普遍采用三角屋架，由于建筑跨度相对较大，因此三角屋架均为系梁式三角屋架。系梁式三角屋架是在每榀的中上区架设横向系梁，两侧再分别架设短柱支撑系梁，短柱上有檩条用以支撑或固定屋架两侧的屋面板。单层独户型住宅屋顶形态主要包括人字形双坡屋顶和屋脊两端抹角四坡屋顶，不同的坡度可以形成不同的屋面效果，屋面正脊两端会装饰仿中式鸱吻造型。（图 3.1-4）

　　单层独户型住宅的建筑外墙一侧通常会设置木质敞廊或阳光房，根据居住建筑空间平面组合方式不同分别与卧室、客餐厅或走廊相连接。敞廊一般直接修建

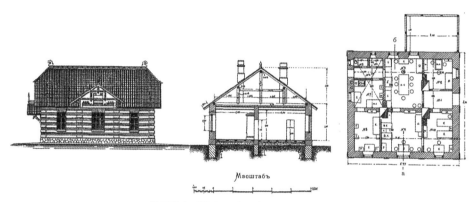

a 单层独户型住宅设计图（20.93 平方俄丈）

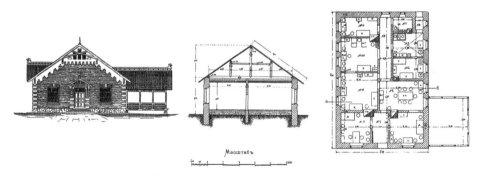

b 单层独户型住宅设计图（35.75 平方俄丈）

c 单层独户型住宅设计图（40.62 平方俄丈）

图 3.1-4　中东铁路单层独户型住宅设计图

于地面，廊架一侧贴建于住宅建筑墙体外侧，其他三面由立柱支撑，立柱数量取决于敞廊面积，廊架底部三面有木质围挡相连接，立柱顶部间由格栅连接，属于侧廊式敞廊。敞廊造型包括传统俄式风格和中式风格两种类型，俄式风格敞廊屋面一般使用单坡屋顶，檐下、立柱、围挡和格栅都会使用俄罗斯传统雕花图案装饰（图3.1-5）；中式风格敞廊屋面使用凉亭式四坡顶起翘和垂脊造型装饰，围挡和格栅则使用西式几何图案装饰。阳光房同样使用木质材料搭建，一面贴建在住宅建筑墙体外侧，另外三面开窗，能够有效利用室外太阳光照调节室内温度。当关闭阳光房与室内相连门窗或阳光房墙体门窗时，阳光房封闭空间内能够保持一个恒温状态，达到更佳的隔热保暖效果。阳光房屋面普遍使用单坡式，部分采用

a 绥芬河站单层独户型住宅旧貌
（25.89 平方俄丈）

b 绥芬河站单层独户型住宅旧貌
（25.89 平方俄丈）

c 扎兰屯站单层独户型住宅旧貌
（25.92 平方俄丈）

d 穆棱站单层独户型住宅旧貌

e 昂昂溪站单层独户型住宅敞廊现状

f 扎兰屯站单层独户型住宅敞廊现状

图 3.1-5　中东铁路单层独户型住宅俄式风格敞廊

图 3.1-6　中东铁路单层独户型住宅阳光房现状

图 3.1-7 中东铁路单层独户型住宅阳光房内旧貌

双坡式或三坡式。阳光房开窗墙体上部和下部使用木板拼接，一般素面无装饰为主，部分木板墙体表面或檐下会装饰俄罗斯传统雕刻图案，墙体中部开窗镶嵌大块玻璃以保证充足的自然采光。阳光房通常会在基础下方搭建砖砌或石砌的台基，这样能够有效避免因雨雪渗透地面潮湿对木质建材造成的损坏。（图3.1-6）阳光房作为居住建筑室内外间的缓冲区，在冬季关闭门窗后能够有效保证白天自然光照提升室内温度；夏季阳光强度高时，可以关闭阳光房与室内连接的门窗，达到隔热效果。根据历史文献资料可获知，阳光房通常会布置舒适的桌椅和茶具，作为满足居住者日常休闲娱乐需求的场所使用。（图3.1-7）

门斗在中东铁路居住建筑中应用广泛，修建材质以木材最为常见，砖材或石材较少见。（图3.1-8）门斗同样作为建筑室内外过渡空间，也能够有效隔绝冷空气侵袭保障室内温度不流失。同时，门斗还能够有效防止墙壁与门框间缝隙因冷热空气对流产生冰雾化现象，避免冰雾化现象导致的结冰影响双层入户门正常开启。单层独户型住宅建筑门斗位置相对固定，通常设置在山墙一侧；联户型住宅建筑入户门斗位置则不固定，常见于住宅建筑立面或山墙处，具体情况则需要根据户数多寡或建筑位置朝向而定，当联户型住宅内居住户数过多时往往会搭建简易雨篷替代门斗，或者直接入户。单层独户型住宅门斗屋顶造型包括单坡和双坡两种。从实际数量来看，单坡屋顶相对较少，双坡屋顶门斗应用更加广泛，因为双坡屋顶两侧对称坡面更便于雨雪排出。山花和檐口是门斗装饰构件集中部位，包括木质杆件、木质雕花山花板和铁艺镂空山花板等形式多样的单一或者组合形态。门斗门板也是装饰集中部位，除了用木板横向或纵向拼接而成木门板外，有的门斗门板表面会使用细长状木条拼接出回字形等几何图形增加装饰效果，有的门斗门板则会在门框和大梁固定后表面形成类似棋盘状方块格局。（图3.1-9）可以说，突出于建筑本体的门斗在具有较强实用功能的同时，也使得建筑立面富于变化，门斗山花、檐口和门板等处形式多样的装饰造型丰富了居住建筑立面的美感。

单层独户型居住建筑山墙面的三角形山花、檐口及檐下部位砖砌落影、木质杆件组合装饰，墙体四周转角隅石、门窗上楣贴脸和其他中东铁路工业遗产建筑在构筑形式和工艺方法方面保持一致性，体现出模块化设计理念。具体来说，砖砌落

a 砖砌门斗现状   b 砖砌门斗现状

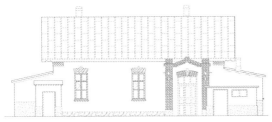

c 实测立面图   d 实测立面图

图 3.1-8　中东铁路单层独户型住宅砖砌门斗

影装饰包括规则和不规则阶梯式两种砌筑类型，部分山墙面的落影装饰端部会添加"水滴状"砖块点缀，进一步增加装饰效果，此外有些落影装饰为避让开窗位置会打破常规的逐层递落模式转变为凸凹形态；三角山花及檐下装饰以木质杆件较为常见，同时还有杆件与山花板组合、山花板等构件形态，或者直接缺省装饰构件；半包围于居住建筑转角的隅石装饰除常见的断线式形态，还有连贯式形态，直接与檐下落影装饰相衔接，整体装饰感更强；部分居住建筑山墙面会砖砌混合直线式线脚，由多重直线式砖构筑加断点式直线式图案构筑而成的混合直线式线脚在将建筑立面进行合理分割的同时也进一步加强装饰效果；门窗上楣贴脸大量应用平券或木梳背式，全包围式或半包围式砖材构筑类型均有不同程度的存在。（图 3.1-10）

　　单层独户型住宅建筑空间平面组合方式有内廊式和穿套式两种。采用内廊式的单层独户型住宅建筑平面呈规整矩形，山墙一侧配置阳光房或敞廊后建筑平面呈"L"形，面积相对较大。室内走廊长度均在 10 米以上，成为整栋住宅的交通主动线，走廊两侧平行布置主次卧、儿童房、客厅、餐厅等主要功能用房。内廊式单层独户型住宅一般设置 3 处出入口，分别位于住宅建筑立面、山墙一侧的阳光间或敞廊处，以及室内厨房和储藏室的区域。墙体立面的出入口与玄关、客厅等功能房间相邻，玄关面积相对较大且进入玄关后一般需转折才能进入客厅或经

图 3.1-9　中东铁路单层独户型住宅门斗现状

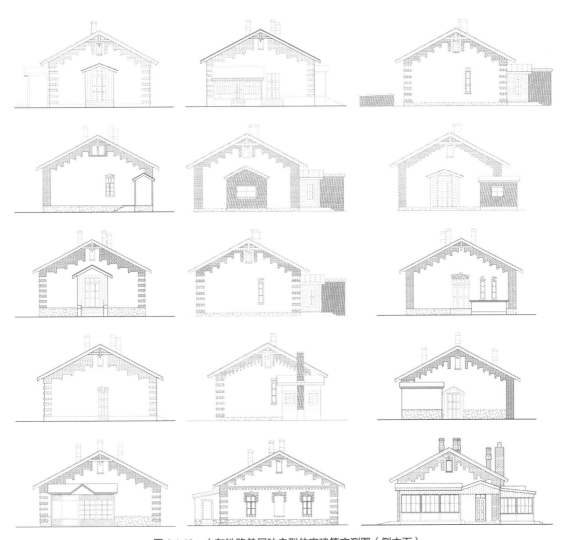

图 3.1-10 中东铁路单层独户型住宅建筑实测图（侧立面）

走廊进入其他功能房间，玄关宽敞的空间及转折的动线设计都能够有效避免室外
寒冷空气直接倒灌入客厅或卧房等室内房间；山墙一侧阳光间或敞廊处设置的出
入口直接连通走廊，便于居住者日常生活起居；储藏室一般与厨房相邻，储藏室
处单独开设出入口，便于佣人日常出入采买、夏季使用室外厨房和倾倒厨余垃圾
等，储藏室开设的出入口也设有较为宽敞的玄关空间以起到避寒作用。可以说，
这样的多动线出入口设置，有效避免了日常家务活动或者会客接待对居住者生活
起居的影响，确保了居住者生活的私密性和舒适性，符合当时居住者作为中东铁
路高级职员的身份属性。（图 3.1-11）采用穿套式的单层独户型住宅建筑平面呈正

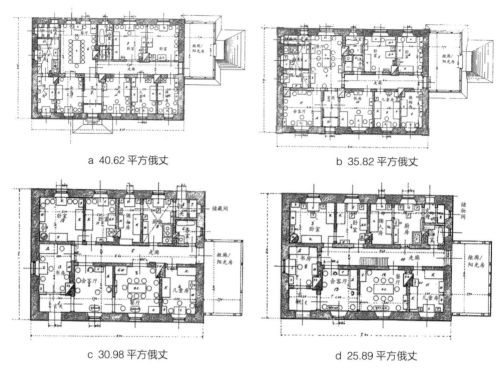

a 40.62 平方俄丈

b 35.82 平方俄丈

c 30.98 平方俄丈

d 25.89 平方俄丈

图 3.1-11　内廊式单层独户型住宅平面设计图

方形，山墙一侧配置阳光房或敞廊。穿套式空间平面组合方式不设走廊，在减少交通空间的同时尽可能增加室内使用面积，整体平面布局以餐厅为中心，在其四周布置卧房、书房、厨卫等功能房间。住宅主入口通过玄关与餐厅相连，夏季则由阳光房或敞廊直接进入餐厅，餐厅与各功能房间直接相连；厨房及储藏室单独开设出入口与室外相连接，作为住宅的次入口。（图 3.1-12）整体来说，内廊式或穿套式单层独户型住宅在遵循各自空间平面组合方式的同时，也会随着住宅面积增减呈现某些建筑形态和构成方面规律性的变化，一是相同功能性质的房间面积会随住宅面积的减少而递减，二是如保姆间、儿童房、客厅等功能房间会因住宅使用面积的减少而取消，三是浴室和洗手间会因住宅使用面积减少而合并或取消，不再进行干湿分离布局。（表 3.1-1）

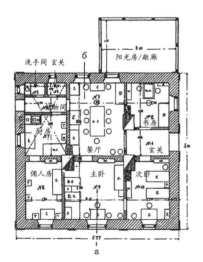

图 3.1-12　穿套式单层独户型住宅
（20.93 平方俄丈）平面设计图

表 3.1-1 单层独户型住宅功能房间数据统计表

| | 内廊式 | | | | | | | | | | | | 穿套式 | | | |
| | 40/1 [1] | | 35/1 | | 35/1 | | 30/1 | | 25/1 | | 25/1 | | 20/1 | | 20/1 | |
	数量	面积 [2]	数量	面积	数量	面积	数量	面积	数量	面积	数量	面积	数量	面积	数量	面积
玄关	1	2.27	1	1.61	1	1.80	1	1.12	1	1.08	1	1.28	1	1.23	1	1.23
走廊	1	3.69	1	3.38	1	2.77	1	4.06	1	3.96	1	2.61	0	0	0	0
储藏室 [3]	1	1.02	1	0.70	1	0.37	1	0.69	1	0.68	1	0.35	1	1.09	1	1.05
厨房	1	2.70	1	1.77	1	2.74	1	2.50	1	3.14	1	2.14	1	2.01	1	2.01
洗手间	1	0.60	1	1.05	0	0	0	0	0	0	0	0	1	0.26	1	0.29
浴室	1	1.05	1	1.05	1[4]	0.92	1[5]	0.98	1[6]	0.73	1	0.72	0[7]	0	0[8]	0
餐厅	1	6.19	1	5.11	1	4.90	1	4.00	1	3.42	1	4.13	1	4.68	1	4.68
客厅	1	3.36	1	4.29	1	3.87	1	3.52	1	2.74	1	3.13	0	0	0	0
佣人房	1	2.31	1	1.45	1	2.41	1	1.85	1	1.58	1	1.60	1	2.47	1	2.47
保姆房	1	2.62	1	2.45	0	0	0	0	0	0	0	0	0	0	0	0
书房	1	3.46	1	3.51	1	3.31	1	3.06	1	3.14	1	2.00	1	2.25	1	2.25
儿童房	1	3.15	1	2.82	1	2.69	1	3.00	1	2.53	1	2.14	0	0	0	0
主卧	1	4.10	1	3.60	1	5.29	1	3.70	1	3.14	1	2.91	1	4.09	1	4.09
次卧	1	4.10	1	2.95	1	4.68	1	2.50	1	2.18	1	2.01	1	2.85	1	2.85
合计	14	40.62	14	35.82	12	35.75	12	30.98	11	25.89	12	25.92	9	20.93	9	20.92

[1] 住宅使用面积40平方俄丈左右，供1户使用，下同。
[2] 单位：平方俄丈。1平方俄丈≈4.554平方米。
[3] 储藏室开设有连接出入口及玄关。
[4] 浴室兼具洗手间功能，不做干湿分离。
[5] 浴室兼具洗手间功能，不做干湿分离。
[6] 浴室兼具洗手间功能，不做干湿分离。
[7] 不设置带浴缸的浴室。
[8] 不设置带浴缸的浴室。

会客厅

会客厅

卧室

卧室

儿童房

儿童房

洗漱台

坐便冲水马桶

浴缸

图 3.1-13　中东铁路单层独户型住宅室内设施及家具布置旧貌

按照中东铁路居住建筑设计标准及俄罗斯民族生活特点，居住建筑多数情况下会分别设置室内和室外两间厨房，室内厨房仅在寒冷季节使用。室内厨房一般与卫浴空间毗邻，两者共用火墙；室外厨房一般设置在院落内，多数为简易木板房（详情见3.2联户型住宅建筑）。室内厨房根据居住建筑类型不同，面积有所等差，内部炉灶设备也有所区别。室内厨房炉灶不具备供暖作用，仅供烹饪、烘烤和日常烧水使用。餐厅根据住宅建筑使用面积的不同可容纳8至14人同时就餐，能满足人口较多的家庭日常用餐及宴会聚餐需求，无论哪种类型的单层独户型住宅建筑均设置佣人房，部分还设有供照顾家中儿童和老者的保姆单独居住的房间，可以说单层独户型住宅的主要功能房间不仅能够确保居住者基本生活正常需求，而且也能够较好地满足职务较高的中东铁路职员日常工作、会客接待、照顾家庭和休憩娱乐等方面的多种不同需求。尤其是儿童房的设置更加适用有孩子的高级铁路职员家庭使用，儿童房内布置墙绘装饰，环境舒适。根据原始设计图纸和历史影像资料可知，单层独户型住宅室内卫浴设施充分考虑到居住者使用的舒适性，室内洗手间配置有带梳妆镜的洗漱台、座便冲水马桶，浴室内有陶瓷浴缸、冷热水管，浴缸上方有木质肥皂架等。（图3.1-13）为满足住宅室内冷热水使用需求，院落内会修建专门的给水房。给水房为双坡屋顶的木板房，房内安放壁炉和热水箱，可以持续加热和保温供给住宅内热水使用，热水箱由铁质连动杆操作送水入户。（图3.1-14）室内厕所、浴室一般相邻布置且临近壁炉，在冬季寒冷期间，使用壁炉增加室内温度可以防止与冲水马桶、浴缸相连接的管道结冰或冻裂。独户型居住建筑出于舒适性考虑，室内地面通常会铺设木质地板，采用尺寸相对较大的条形硬木材质木板拼合，木板规格尺寸并不严格统一，拼合也不十分紧密。通常木板拼合后会刷涂油漆以增强防腐、防变形和防开裂的效果。实地调研中发现，联户型住宅建筑通常仅在卧室、客厅等主要功能房间铺设地板。室内在屋顶结构下面吊挂顶棚，起到遮挡屋架结构和装饰美化效果，通常采用条木板直接搭合拼接的吊顶构成形态，条木板粗细宽窄没有严格统一，带有企口以防止上下搭合拼接过程中木板透缝。（图3.1-15）

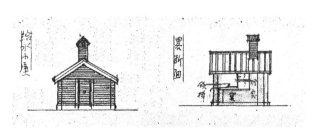

图 3.1-14　给水房结构示意图

a   b   c

d   e   f

图 3.1-15　中东铁路居住建筑室内地板及吊顶现状

单层独户型住宅"具备各种辅助性设施，有院落，同时还有围墙栅栏、冷藏地窖、板棚和单独的夏季用厨房等"[1]，联户型居住建筑院落也采用相同的布局形式，在院落内设置室外厨房（夏季厨房）、仓库、垃圾箱、地窖及厕所等辅助建筑。然而，为中东铁路时期修建的独户型住宅配置的围墙栅栏、冷藏地窖、夏季厨房等设施多数在后期使用过程中改建或拆除。室内原有布局在后期使用过程中也有所改变，主要表现为填加隔墙以增加房间数量，原有房间功能也因居住人数的增加而改变。

3.1.2　多层独户型住宅

多层独户型住宅属于中东铁路居住建筑中高等级住宅类型，主要供当时的管理局局长、总稽查、高级工程师等中东铁路工程局或中东铁路管理局的高级职员及其家属居住使用，集中分布在今哈尔滨市南岗区，当时南岗区是中东铁路工程局及管理局办公建筑及各类型居住建筑集中分布区域。

多层独户型住宅一般为二层建筑，部分有一层半地下室或一层阁楼，属于典型别墅类型建筑，同时配有冬季花园或大型室外露台。根据原始设计图纸和实地调研综合分析，多层独户型住宅建筑在建筑风格、空间平面组合方式、功能布局等方面存在相似性，建筑立面、平面采用当时新艺术运动倡导的非对称布局形式，此外在女儿墙、屋檐下木构、门窗贴脸、雨篷和门斗、阳台及栏杆构件等处

---

[1]［俄］克拉金著、李述笑等校译《哈尔滨——俄罗斯人心目中的理想城市》，哈尔滨出版社，2007年，第45页。

均以曲线式样造型装饰，体现出典型且浓郁的新艺术运动风格特点，部分建筑阁楼顶部还加盖帐篷顶，以此增加俄罗斯建筑风格特色。建筑墙面通体抹灰，运用水泥抹灰工艺的可塑性特点勾勒局部线脚，塑造圆形、半圆形或不规则曲线造型来装饰门窗贴脸、阳台栏杆等局部，着力突出新艺术运动风格特征。此外，多层独户型住宅还通过对屋檐下牛腿、阳台立柱及雨篷支架、栏杆等处装饰弧度弯曲流畅的曲线造型构件进一步丰富建筑整体立面装饰效果。牛腿、立柱、支架及栏杆等在具备支撑作用保障屋檐、阳台、雨篷等结构稳定的同时，也通过自身优美的曲线造型反映出新艺术运动风格特征。（图 3.1-16）多层独户型住宅建筑面积一般在 200 至 300 平方米间，内部功能空间根据居住者身份、生活习惯及方式划分完善，可分为内廊式、穿套式两种空间平面组合方式，交通动线方式与单层独户型住宅相似，同样是既保持了各功能空间的彼此联系，又保障了居住者的私密性。住宅内部功能空间除了单层独户型住宅常见的主卧、次卧、书房、客餐厅、儿童房、佣人房及厨卫空间外，还增加了与居住者身份相称的女主人会客厅、配有冷餐柜的夏季餐厅、家庭教师房间等功能房间。（图 3.1-17）

a 中东铁路管理局局长官邸旧址

b 中东铁路管理局副局长官邸旧址

c 中东铁路总稽核官邸旧址

图 3.1-16 中东铁路多层独户型住宅

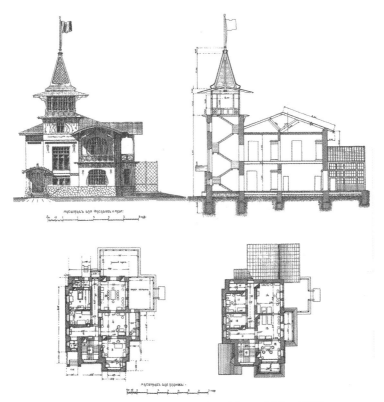

a 中东铁路管理局局长官邸设计图（立面、平面、剖面）

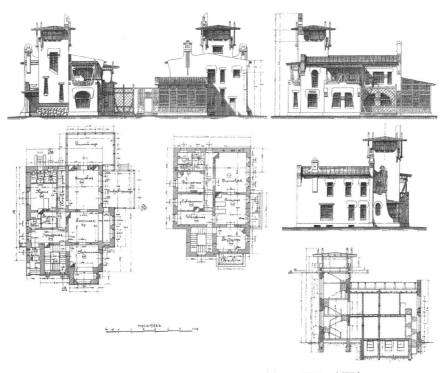

b 中东铁路管理局副局长官邸设计图（立面、平面、剖面）

c 中东铁路总稽核官邸设计图（立面、平面）

图 3.1-17 中东铁路多层独户型住宅设计图

3.2 联户型住宅建筑

通过实地调研结合原始设计图纸综合分析，中东铁路联户型住宅建筑包括二户型、三户型、四户型和六户型等多种类型。（图3.2-1）联户型住宅建筑平面采用矩形或方形，这两种形状易于等分以确保每户居住面积大体相当。同时，功能空间划分原则保持一致，每户间使用隔墙横向或竖向进行分割，采用穿套式空间平面组合方式，通常情况下以餐厅为中心布置各功能房间。联户型住宅建筑随着居住者户数的增多，室内功能房间划分也随之简化，除卧室、餐厅、厨房等必不可少的主要功能房间之外，次卧、书房、佣人房、储藏间等功能房间则会根据面积大小和户数多寡的具体情况进行省缺。

a 绥芬河站二户型住宅旧貌　　　　　　　b 绥芬河站二户型住宅旧貌

c 乌奴耳站二户型住宅旧貌　　　　　　　d 昂昂溪站二户型住宅现状

e 布海站二户型住宅现状　　　　　　　　f 公主岭站二户型住宅现状

g 昂昂溪站三户型住宅现状　　　　　　　h 米沙子站三户型住宅现状

i 昂昂溪站三户型住宅现状　　　　　　　j 窑门站六户型住宅现状

图 3.2-1　中东铁路联户型住宅建筑

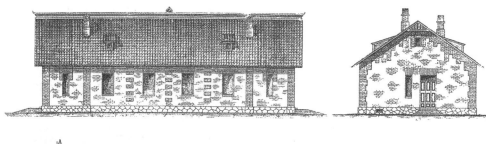

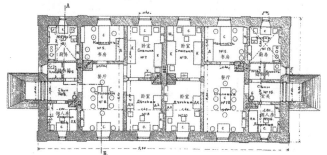

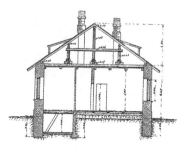

图 3.2-2　中东铁路二户型住宅设计图（31.76 平方俄丈）

二户型住宅每户设一处出入口，开设在建筑两侧山墙面，每户面积相等，室内功能房间布局一致且呈对称式布置。以 31.76 平方俄丈二户型住宅为例，采用穿套式的空间平面组合方式，出入口处玄关直接与餐厅相连接，平面以餐厅为中心，主次卧室、书房、佣人房及厨房、储藏间等功能房间围绕其分布，其中卧室、书房等主要功能房间入口均直接与餐厅相连接，厨房、储藏间和佣人房等房间入口则与玄关直接相连接，佣人从佣人房或厨房、储藏间进入餐厅需要通过玄关方可到达，在使用面积有限的情况下尽可能区分主仆间不同的交通动线；储藏间不再像独户型住宅那样设置有连通室外的独立出入口及玄关，室内洗手间和浴室也因面积原因相应缺省，住宅附属院落内设置有室外厕所，洗浴服务则由公共浴房提供。（图 3.2-2）可以说，二户型住宅建筑采用穿套式空间平面组合方式能够在房屋面积相对有限的条件下，既保证居住者生活和工作隐私性，也体现出主仆间的身份差别。随着二户型住宅建筑面积的缩减，除卧室、餐厅或厨房等主要功能房间之外，书房、佣人房等均依面积情况而省缺，如单户面积为 6.84 平方俄丈的二户型住宅仅保留一间卧室、厨房、玄关及储藏间等房间。（图 3.2-3）

三户型住宅每户均设置独立出入口，分别开设在建筑两侧山墙墙面，以避免彼此生活起居相互干扰。三户型住宅平面以 "T" 字形隔墙划分成 "品" 字形，形成 "一大两小" 的户型模式，"两小" 面积相等、功能空间划分一致，两者面

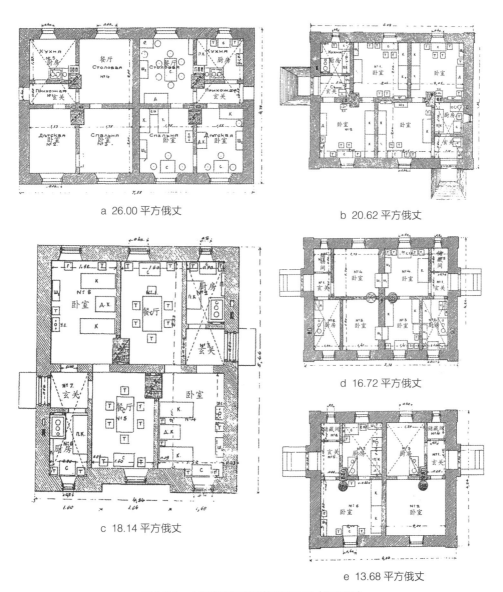

a 26.00 平方俄丈

b 20.62 平方俄丈

c 18.14 平方俄丈

d 16.72 平方俄丈

e 13.68 平方俄丈

图 3.2-3　中东铁路二户型住宅设计图（平面图）

积之和约等于或略大于"一大"面积。三户型住宅每户住宅面积相对有限，因此不再设置室内洗手间、浴室或书房等功能房间，卧室也不再区分主次卧、儿童房，由于居住者身份原因不再拥有佣人房。（图 3.2-4）三户型住宅在满足每户居住者各自生活空间需求的同时，不可避免地会使其中一户或者两户的卧室或者餐厅日照时间受限，室内采光效果不理想。此外，由于隔墙影响也无法形成室内穿堂风导致通风效果一般。（图 3.2-5）

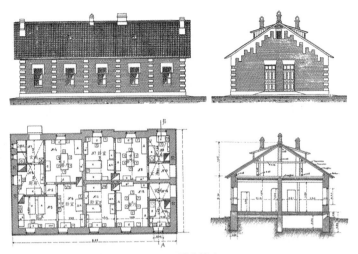

a 32.43 平方俄丈

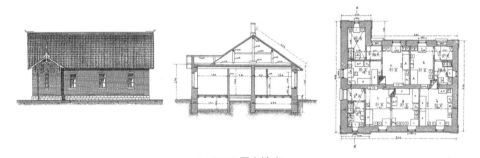

b 27.03 平方俄丈

图 3.2-4　中东铁路三户型住宅建筑设计图

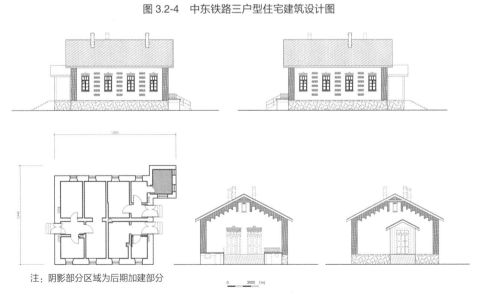

注：阴影部分区域为后期加建部分

图 3.2-5　昂昂溪站三户型住宅实测图（立面、平面）

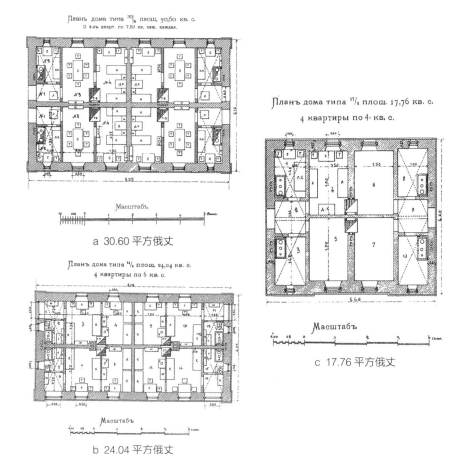

a 30.60 平方俄丈

c 17.76 平方俄丈

b 24.04 平方俄丈

图 3.2-6　中东铁路四户型住宅设计图（平面）

　　四户型住宅平面以"十"字形隔墙分割成四个彼此独立空间，形成"田"字型，每户可使用面积及功能房间布局保存一致。四户型住宅的平面布局模式无法保证每户同时拥有两个朝向的房间，导致四户型住宅中有两户的日照时间受限，影响室内自然采光和升温，同时也无法形成室内穿堂风影响通风效果。（图 3.2-6）四户型住宅随着面积的缩减，功能房间也相应缺省。面积为 17.76 平方俄丈的四户型住宅不仅主出入口和玄关由位于同侧的两户共用，室内功能房间也仅保留厨房、卧室；主出入口和玄关虽为两户共用，但进入公共玄关后可分别独立进入各自的厨房和卧室房间，在住宅面积相对有限的前提下，既保证彼此生活起居的私密性，又利用公共玄关起到良好的室内保暖效果。实地调研发现，四户型住宅居住者在后期使用过程中出于烹饪习惯会在原厨房位置扩建，以增加厨房空间的使用面积。（图 3.2-7）

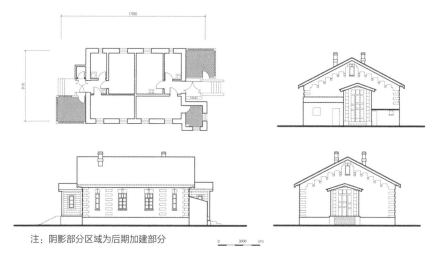

注：阴影部分区域为后期加建部分

图 3.2-7　昂昂溪站四户型住宅实测平面图（立面、平面）

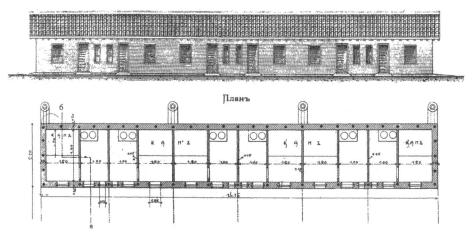

图 3.2-8　中东铁路六户型住宅设计图（立面、平面）

　　六户型住宅建筑平面纵向划分面积均等的六个独立空间，室内空间仅保留厨房和卧室，每户单独入户，在纵墙开设独立入户门，厨房与入户门直接相连，厨房兼具玄关作用，实际功能同东北民居建筑的"外屋"或"堂屋"类似，为保障自然采光在厨房墙面开设狭窗。（图 3.2-8）部分联户型住宅会在厨房正下方设置无采光窗但带有通风窗的半地下室空间，不同于中东铁路大型建筑带有采光和通风窗户的地下室，联户型住宅的半地下室多作为储藏间的扩展空间，具备地窖使用属性，同时也能够起到一定的建筑保暖作用。半地下室不设单独对外出入口，只能通过厨房地板处开设的入口通过短梯出入。联户型住宅的半地下室地面积相对较小，一般使用铁路钢轨作为梁柱，在上方搭设木方的简易承重结构，施工快

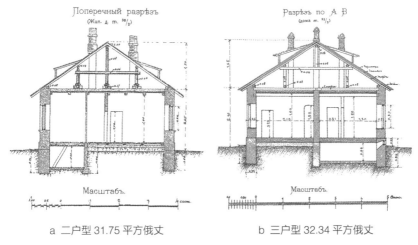

a 二户型 31.75 平方俄丈

b 三户型 32.34 平方俄丈

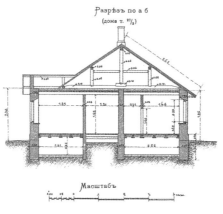

c 三户型 27.03 平方俄丈

图 3.2-9 联户型住宅建筑剖面图

速，材料获取方便。（图 3.2-9）（图 3.2-10）

　　中东铁路联户型住宅在门窗洞口、山花、檐口及檐下、四周转角等处的装饰表达和构造手法并未较独户型住宅建筑存在明显差别，同样遵循着中东铁路工业遗产建筑通用的装饰形态和构成。实地调研发现，部分联户型住宅建筑檐部装饰使用的木构件雕刻成半圆形、锯齿形或梯形等多种中部镂空的轮廓，

图 3.2-10　老少沟站二户型住宅地窖现状

不与檐部的承托构件相结合，形成单纯的挑檐式装饰，达到更好地丰富建筑立面装饰的效果。（图 3.2-11）

图 3.2-11　窑门站中东铁路二户型住宅挑檐式装饰

图 3.2-12　昂昂溪站二户型住宅实测图

　　中东铁路联户型住宅建筑入户方式相较于其他住宅类型具有较为鲜明的特点：主要可分为四种，直接入户方式、经由门斗入户方式、经由阳光房入户方式和经由敞廊入户方式。直接入户方式，即在联户型住宅墙体直接开设入口，安装双层门，门顶部搭建木质雨篷以起到遮蔽雨雪的作用，雨篷尺度与门及住宅主体相适应，雨篷檐部多会雕刻繁简不一的纹饰增加装饰性。经由门斗入户方式，即在联户型住宅入口外墙搭建木质门斗。经由阳光房入户方式，即在联户型住宅入口外墙搭建木质阳光房，既作为室内外过渡空间，也可作为居住者休憩场所。（图3.2-12）经由敞廊入户方式，即在联户型住宅入口外墙搭建木质敞廊，居者经由敞廊、双层木门进入住宅室内。联户型住宅的设计是在确保居住者使用便利的前提下，尽可能多地安置居住者。因此，联户型住宅可容纳户数越多，住宅入口设计方式越简单，多数三户型、四户型和六户型联户住宅采用直接入户方式，有些住宅甚至缺省木质雨篷，直接在入户门上楣砖砌券拱进行简单装饰，在住宅外墙搭建阳光房或敞廊主要集中在二户型联户型住宅和部分三户型住宅。

联户型住宅建筑同独户型住宅建筑一样拥有院落，两者区别在于联户型住宅院落属于"共享院落"，院落根据户型数量使用木质栅栏进行等分。联户型住宅室内不再设置独立的卫浴功能空间，厕所和室外厨房、地窖、仓库、垃圾箱等生活辅助设施一起设置在院落内。（图3.2-13）中东铁路住宅建筑的室外厨房多在天气温暖的季节使用，因此又称为夏季厨房，建筑结构简单，使用木板修建，

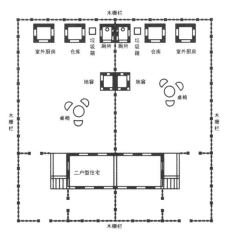

图 3.2-13 中东铁路二户型
住宅院落空间分布示意图

单坡屋顶，内外通风不设门窗，砖砌具备蒸煮功能的两眼炉灶，炉灶表面涂抹石灰，转角用铁皮包裹使炉灶更加耐用，炉灶后边有烟囱连接室外以便于排烟，炉灶闲置时会覆盖铁板保持清洁。室外厨房内设置有木构洗涤台、壁橱、置物架，洗涤台下方安置排水管道将废水引到室外。（图 3.2-14）地窖砖木结构，双坡屋顶，内部地上、地下两层，两层空间举架等高，用木质地板相隔，地上部分安装有连通地下与屋顶的烟囱，用于给地下空间通风排气，以防止人员进入地窖时发生意外事故，地窖地上墙体外部两侧覆土至檐下，高高的覆土能够起到夏季隔热、冬季保暖的作用。（图 3.2-15）地窖在冬季储藏蔬菜等食物保鲜，夏季则具有替代冰窖的实用功能。仓库相比地窖来说，建筑结构简单，墙体和屋顶直接使用木板拼接搭建，仓库墙体立面一侧高一侧低，在较高一侧开门，屋顶与之相应采用单坡型制，坡度较大以利于排水，能够有效保障仓库内部干燥。室外厕所属

室外厨房旧貌

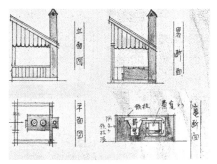

室外厨房构造示意图

图 3.2-14 室外厨房

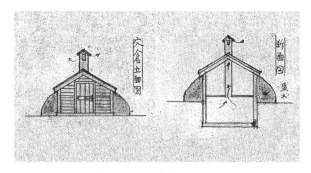

图 3.2-15　地窖构造示意图

a　仓库及室外厕所旧貌

b　扎兰屯站居住建筑院落室外厕所
及仓库现状及仓库现状

c　室外厕所旧貌

d　室外厕所旧貌

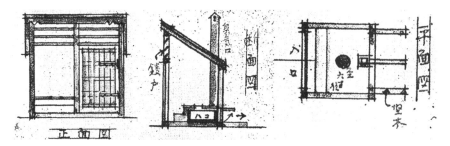

e　室外厕所构造示意图

图 3.2-16　仓库及室外厕所

于抽斗厕所，建筑形态简单，使用木板修建，单坡屋顶，厕所内在两级台阶上铺设木板，木板中央开设 6 寸左右的圆洞作为蹲便口，二级台阶下方为存放排泄物的抽屉，抽屉下安放木板滑道便于清理排泄物，屋面开设通风烟囱利于排风；室外厕所不区分男女厕，但是每个厕坑均为独立半封闭空间，设单独厕门。（图 3.2-16）垃圾箱为半埋入地下的矩形砖砌箱体，箱体上方安装有铁栏杆以过滤分流不同体积的垃圾。（图 3.2-17）室外厨房、地窖、仓库、厕所及垃圾箱等生活辅助设施通常布置在院落内与住宅建筑相对的院墙一侧，这种布局方式既可保证居民使用时的动线便利，也与住宅保持一定距离，充分考虑到卫生环境的同时也使得院落景观具备一定视觉美感。实地调研中发现，各地中东铁路联户型住宅建筑院落及初建时配置的室外厨房、仓库、垃圾箱、地窖及厕所等辅助建筑设施绝大多数已无建筑实例留存。

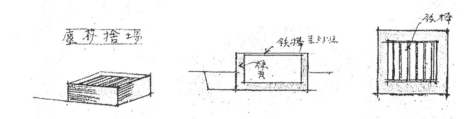

图 3.2-17　垃圾箱构造示意图

3.3　集合型住宅建筑

集合型住宅建筑均为地上二层建筑，部分有半地下室，建筑主体通常使用砖材砌筑，部分集合型住宅会在墙面中间位置嵌入花岗岩等石材，在加强建筑防潮、耐寒性能的同时，也能够起到较好的装饰效果。建筑墙体嵌入石材的部位一般会与檐口下方砖砌线脚、四周砖砌转角形成合围，同时门窗洞口也会使用砖砌与石材相互拼接形成马牙齿或锯齿形门窗贴脸。结合原始设计图纸和历史影像资料分析，集合型住宅建筑在采用西式建筑立面构图和功能空间布局的同时，除了在山墙砖砌落影、转角隅石、木质杆件及山花板等处装饰方面与独户型住宅、联户型住宅存在着明显相似之外，在建筑屋脊处还增加了鸱吻、脊兽等中国传统建筑装饰构件，呈现出自身装饰的特殊性。集合型住宅建筑使用鸱吻、脊兽的数量、种类及造型同车站站舍建筑一样具有随意性，并未严格遵守中国传统建筑的规制。（图 3.3-1）

a 哈尔滨站集合型住宅旧貌　　　　　　　b 海拉尔站集合型住宅旧貌

图 3.3-1　中东铁路集合型住宅旧貌

　　集合型住宅建筑根据居住者的不同身份可分为供给单身职工居住使用的内廊式集合型住宅和供给职务等级较高的职工及其家属居住使用的单元型集合住宅，因此集合型住宅初建时主要分布在铁路沿线等级较高的车站。

　　内廊式集合型住宅为地上二层建筑，半地下室一层，建筑平面呈"L"形或矩形。面积为 99.2 平方俄丈的内廊式集合型住宅平面呈"L"形，面积为 73.37 平方俄丈的平面呈矩形。内廊式集合住宅将餐厅、厨房、浴室及洗手间等公共空间集中布置在"L"形短边或矩形的一端，"L"形长边或矩形的另一端则采用内廊式结构，内廊和楼梯组合形成公共通行空间，面积相近的房间以位置居中的内廊为轴线作鱼骨状双向对称排列分布，居住者经门廊通过楼梯进入一层或二层内廊后可分别进入各自居住的房间，室内动线流畅、空间关系简单，这种空间布局能够在建筑面积相对有限的前提下为更多的职工提供居住房间。面积 99.2 平方俄丈可容纳 18 名单身职工居住使用的内廊式集合型住宅，人均居住面积 3 平方俄丈左右；面积 73.37 平方俄丈可容纳 18 人居住的内廊式集合型住宅，人均居住面积 2 平方俄丈左右。内廊式集合型住宅的每间房间内部都标准化陈设布置有床、桌椅、洗脸池及各种橱柜、壁柜等收纳家具，房间内无厨卫功能空间，公共餐厅、厨房、浴室及洗手间均设置在一楼，二楼除职工居住房间外，还设有公共阅览室及管家房。（图 3.3-2）（表 3.3-1）公共阅览室及管家房会根据集合型住宅建筑面积缺省，如面积 73.37 平方俄丈可容纳 18 人居住的内廊式集合型住宅即不设置公共阅览室及管家房。（图 3.3-3）（表 3.3-2）内廊式集合型住宅每层的每间房间不再安装壁炉供暖，而是在地下设置蒸汽供暖房，进行集中供暖，为整栋建筑提供取暖所需热量。（图 3.3-4）内廊式集合型住宅虽然类似于如今的单身公寓建筑，但也充分考虑到居住者日常娱乐、休憩等方面的需求。住宅建筑一楼墙体外侧正面或侧面会设置木质敞廊，作为供居住者日常遮阳、聚会、休憩时使用的公共活动空间，有助于提升居住者的舒适度。木质敞廊一般直接修建于地

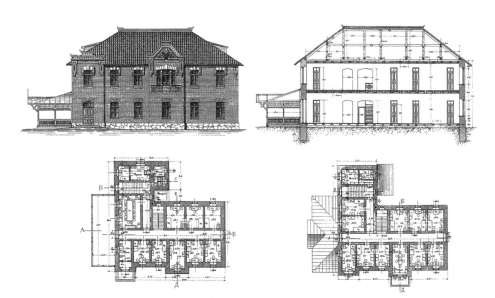

图 3.3-2　内廊式集合型住宅（99.2 平方俄丈）设计图（立面、剖面、一层平面、二层平面）

表 3.3-1　100/18 [1] 内廊式集合型住宅（面积 99.2 平方俄丈）平面空间布局数据统计表

一层	房间 1	3.2	餐厅	5.54
	房间 2	2.84	厨房	2.27
	房间 3	2.82	储物间	1.3
	房间 4	2.82	浴室	0.9
	房间 5	2.82	楼梯	4.51
	房间 6	3.33	走廊	6.27
	房间 7	2.59	门廊	2.69
	房间 8	3.02	洗手间	0.8
	房间 9	2.78		
二层	房间 1	3.2	房间 9	2.73
	房间 2	2.84	房间 10	2.71
	房间 3	2.82	公共阅览室	3.33
	房间 4	2.84	管家房	3.01
	房间 5	2.84	楼梯	4.51
	房间 6	2.59	走廊	9.27
	房间 7	2.78	门廊	0.5
	房间 8	2.75		

［1］ 指面积约 100 平方俄丈可容纳 18 名单身职工居住。表 3.3-2 同。

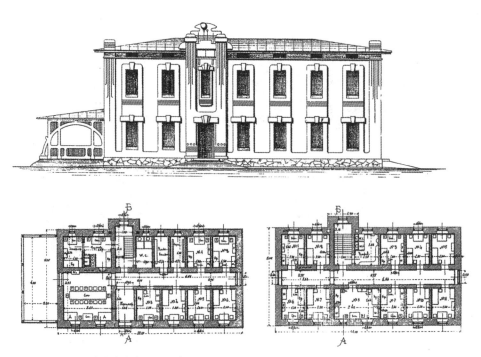

图 3.3-3　内廊式集合型住宅（73.37 平方俄丈）设计图（立面、一层平面、二层平面）

表 3.3-2　70/18 内廊式集合型住宅（面积 73.37 平方俄丈）平面空间布局数据统计表

一层	房间 1	2.15	浴室	1.17
	房间 2	2.15	干燥室	1.17
	房间 3	2.15	卫生间	1.49
	房间 4	2.15	巡道工房	1.84
	房间 5	2.15	楼梯	2.16
	房间 6	2.15	走廊	4.92
	厨房	2.49	门廊	1.72
二层	房间 1	2.15	房间 8	4.01
	房间 2	2.15	房间 9	2.15
	房间 3	2.15	房间 10	2.15
	房间 4	2.15	房间 11	2.15
	房间 5	2.15	卫生间、盥洗室	2.15
	房间 6	2.15	楼梯	2.16
	房间 7	2.15	走廊	6.93

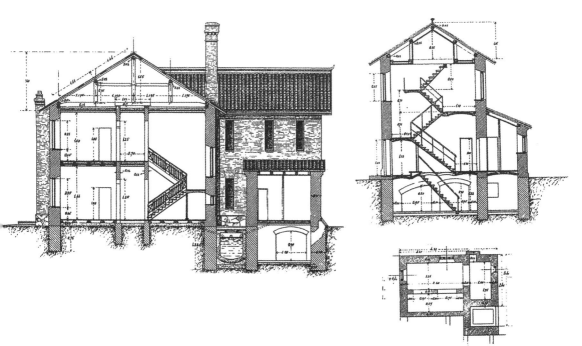

图 3.3-4　内廊式集合型住宅剖面图、地下室蒸汽供暖房平面图

面，廊架一侧贴建于集合型住宅墙体外侧，其他三面由立柱支撑，立柱数量取决于敞廊面积，廊架底部三面有木质围挡相连接，立柱顶部间由格栅连接，围挡和格栅一般使用俄罗斯传统雕花装饰，也有使用中式菱花格装饰者，屋面多为单坡屋顶。

　　单元式集合型住宅即"梯间式住宅"，具体包括一梯二户、一梯三户和一梯四户等多种类型，以共用楼梯为中心将标准单元房间串联组合，相对内廊式集合型住宅有走廊等公用面积，居住者进入公共门厅经楼梯到达不同楼层后直接进入自分户门。（图 3.3-5）一梯二户单元式集合型住宅一般在一层和二层餐厅、办公室、卧室位置修建室外露台，露台搭建木质围栏、镶嵌大尺度玻璃窗户，提升居住者生活质量的同时能够在冬夏时节起到调节室内温度的作用。（图 3.3-6）单元式集合型住宅是供给职务等级较高的职工及其家属居住使用的，相当于多个独户型住宅平面的组合，因此每户室内功能空间划分完全出于满足家庭生活考虑，不仅区分主次卧室、客餐厅、卫浴及厨房，还拥有书房、儿童房、佣人房等。即便是一梯四户的单元式集合型住宅，也会以缺省书房为代价划分出儿童房和佣人房，用以满足拥有儿童的家庭生活实际所需。（图 3.3-7）（表 3.3-3）

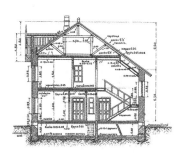

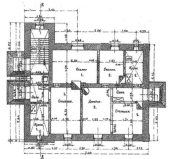
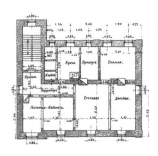

a 一梯三户、51.87 平方俄丈

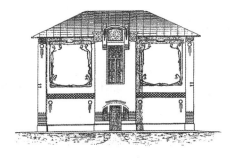
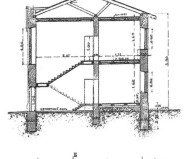

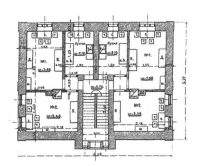
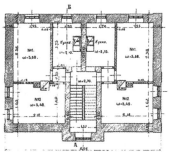

b 一梯四户、43.64 平方俄丈

图 3.3-5 单元式集合型住宅设计图（立面、一层平面、二层平面）

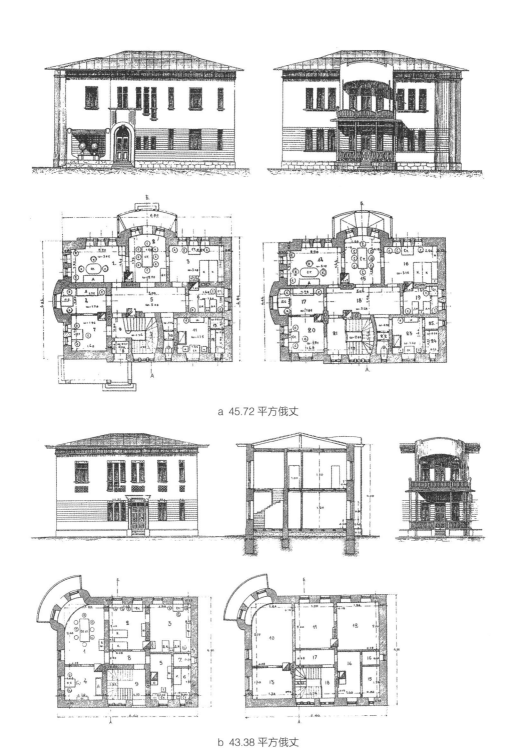

a 45.72 平方俄丈

b 43.38 平方俄丈

图 3.3-6　单元式集合型住宅（一梯二户）设计图（立面、一层平面、二层平面）

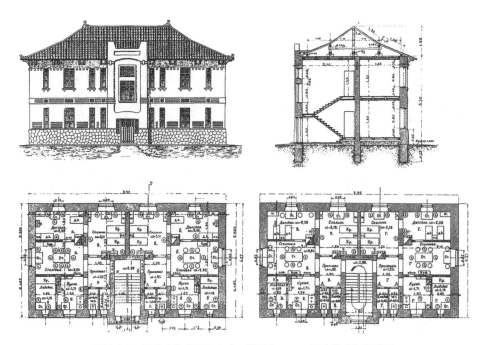

图 3.3-7　单元式集合型住宅（一梯四户、60.3 平方俄丈）设计图
（立面、剖面、一层平面、二层平面）

表 3.3-3　60/4 [1] 单元式集合型住宅（60.3 平方俄丈）平面空间布局数据统计表

	一层		二层	
	单元 A	单元 B	单元 C	单元 D
卧室	3.11	3.11	3.18	3.18
儿童房	2.58	2.58	2.58	2.58
餐厅	2.9	2.9	2.9	2.9
厨房	1.71	1.71	1.71	1.71
佣人房	1.19	1.19	1.19	1.19
储物间	0.45	0.45	0.45	0.45
卫生间	0.41	0.41	0.41	0.41
门廊	1.25	1.25	1.25	1.25
楼梯间	2.88		2.88	
合计	30.08		30.22	

［1］ 指面积约 60 平方俄丈、一梯四户。

3.4 居住建筑的防寒、保温及取暖

东北地区属于温带大陆性季风气候，冬季漫长干寒。中东铁路居住建筑的设计与施工过程中，从建筑结构、门窗构造、壁炉及火墙等多方面实施相应的防寒、保温及取暖措施，以此确保居住者在冬季使用期间的舒适性。

中东铁路居住建筑普遍使用坡屋顶，坡屋顶可以使水平吊顶与屋架及屋面板间形成三角形剖面的封闭空间，即闷顶层。闷顶层不设对外开窗，能够起到很好的隔热作用，避免室内吊顶在夏季过于闷热而升高室温，同时闷顶内空气层在寒冷季节还能起到良好保温作用。建筑本体构造方面，除根据东北地区不同城镇温度差异适时调整建筑墙体厚度外，还采用在建筑本体周围设置排水沟、深挖基础等方式增强保温效果。建筑基础周围设有排水沟，用于导流春季融雪、夏季雨水，同时可以避免积水对建筑基础造成的侵蚀。中东铁路工业遗产建筑基础地下填埋一般超过2米，地表部分往往会砌筑高于水平地面0.5米左右的毛石勒脚来减少雨雪对基础的侵蚀，同时也可减弱因春季冻土消融所引发的土质缩胀对基础的破坏。建筑室内还采用架空地面、设置与建筑基地面积相等的半地下室或局部房间内半地下室的方式隔绝来自地下土层湿气或寒气的侵袭，进一步提升室内保温效果。（图3.4-1）

中东铁路居住建筑的门窗在起到封闭墙体洞口、遮光、采光、通风及安全防范作用之外，更是重要的保暖设施。双层门，即装设两层门扇的门，具体操

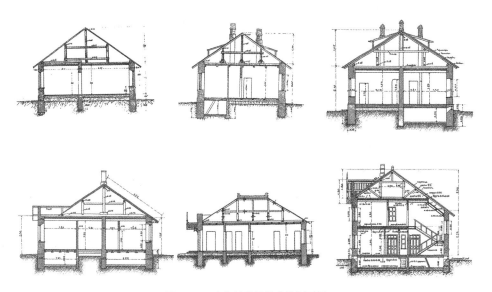

图 3.4-1　中东铁路居住建筑剖面图

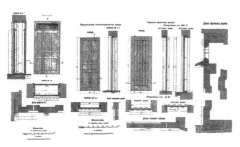

a 中东铁路居住建筑标准门设计图

b 中东铁路居住建筑双层门现状

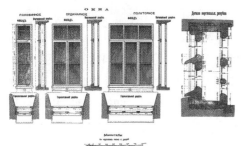

c 中东铁路居住建筑标准窗设计图

d 中东铁路居住建筑双层窗户现状

图 3.4-2 中东铁路居住建筑门窗

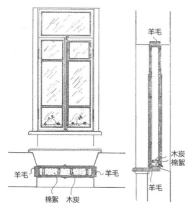

图 3.4-3 中东铁路居住建筑门窗
缝隙填充物示意图

作上采取将门扇安装在同一侧边框上的同侧双层门模式。双层窗，即装设两层窗扇，多数采用的是双扇平开窗的模式，将窗户的洞口做成"外窄内宽"状，以此来增加接收阳光照射的面积，这种"外窄内宽"的长窗还能够减少墙面冷桥的散热系数。（图 3.4-2）中东铁路居住建筑的门窗间隙、窗缝隙等处会填充羊毛、棉絮、木炭等材料作为保暖填充物加强保温效果，门板内则会粘贴毛毡增强御寒效果。（图 3.4-3）

中东铁路居住建筑除在建筑结构、门窗构造等方面充分考虑防寒与保暖设计，还通过壁炉、火墙等取暖设施来进一步确保和提升室内温度。壁炉是欧式建筑中重要的取暖设施，多数采用开敞式壁炉。通过实地调研与文献综合分析，除管理局局长、总稽查、高级工程师等中东铁路工程局或管理局高级职员及其家属居住的建筑会使用开敞式壁炉外，多数中东铁路居住建筑室内取暖使用封闭式壁炉。在燃烧产生同等热量的前提下，封闭式壁炉的散热面积更大，热效应更高，同时搭建费用更低、日常操作和维护更简便，还可有效降低意外失火或烟尘外溢的风险。中东铁路居住建筑使用的封闭式壁炉包括三角形、圆形和矩形三种形制。（图 3.4-4）根据以往研究结果显示，相同体积的圆形壁炉、三角形壁炉和矩形壁炉在散热面积方面，矩形壁炉散热面积最大，三角形和圆形依次递减；以直径、边长均为 1 米，高度为 2 米的圆形壁炉、三角形壁炉和矩形壁炉为例，圆形壁炉散热面积为 6.3 平方米、三角形壁炉散热面积为 7 平方米、矩形壁炉散热面积为 8 平方米。[1] 圆形壁炉内部使用耐火的黏土方砖和黏土砂浆砖砌筑成圆柱体，外部再包裹铁皮，铁皮和砖体之间需填充相当厚度的黏土砂浆；而三角形壁炉和矩形壁炉砌筑时黏土方砖与铁皮间的贴覆较圆形壁炉更加紧密，间隙更小。（图 3.4-5）根据热传导规律，如果铁皮与黏土方砖间的间隙越大则热能放热率越低，供暖效果也就越差。从三角形、矩形壁炉内部结构上来看，铁皮与黏土方砖间的间隙几乎可以忽略，而圆形壁炉的铁皮与黏土方砖间的间隙显然大于前两者。圆形壁炉散热面积相对较小，目前主要发现于单户使用面积小于 10 平方俄丈的住宅建筑中。（图 3.4-6）

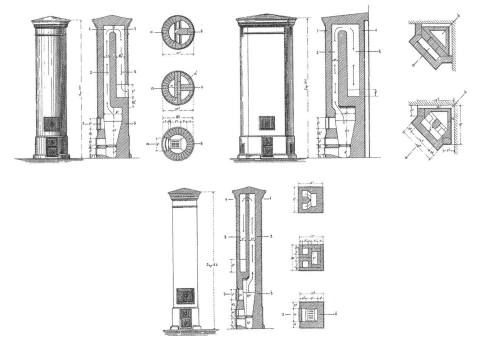

图 3.4-4　中东铁路封闭式圆形壁炉、三角形壁炉和矩形壁炉构造图

---

　[1]　大泉一《住宅与壁炉》，《满洲建筑协会杂志》（1928 年卷 8 第 11 号），第 35 页。

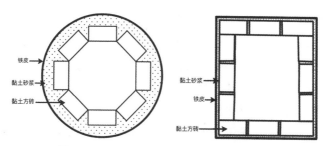

图 3.4-5　圆形壁炉、矩形壁炉内部构造示意图

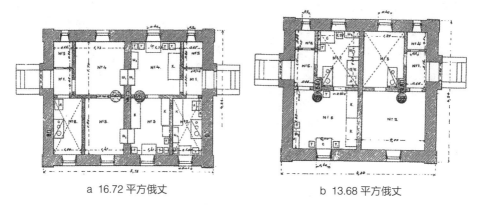

a 16.72 平方俄丈　　　　　　　　b 13.68 平方俄丈

图 3.4-6　中东铁路二户型住宅平面图

　　圆形壁炉、三角形壁炉和矩形壁炉外观形制存在显著差别，壁炉内部构造形式多样，但是壁炉内部组成部分和热能产生原理基本相同。壁炉属于间歇性焚烧燃料供热的取暖设施，不需要持续不断添加燃料进行连续燃烧，因为壁炉内即便没有明火燃烧，余热也能够在相对较长时间内保存在炉内及火墙内，实现在寒冷冬季时节维持室内温度的不变。壁炉内部构造由 7 部分组成，即炉膛（A）、炉箅（B）、掏灰口（C）、炉门（D）、烟道（E）、排烟筒（F）、清理口（G）（图 3.4-7）。炉膛，用于燃烧木材或者煤炭等燃料用于取暖，炉膛内部呈由下至上逐渐收分状，有利于燃料的燃烧和烟尘的排出。炉箅，又称为火格子，是燃料燃烧的地方，位于炉膛下放，与掏灰口相连通，炉箅一般使用铁等抗燃金属制成，不仅起到支撑炉膛内燃料的作用，同时也有助于空气通过箅子上的孔缝进入炉膛助燃燃料，而燃料燃烧后的灰渣也通过箅子上的孔缝落入掏灰口便于清理。传统欧式敞开式壁炉不设炉门，当炉内熄火燃料燃烧殆尽后，冷空气容易通过烟囱和烟道进入炉膛，导致炉膛潮湿影响添加燃料的再次点燃，增加炉门的壁炉能够有效避免这种情况的发生。通常情况下，中东铁路建筑室内安装三角形壁炉和矩形壁炉时会在壁炉与墙体间保留间隙部分，作为绝缘沟，以此杜绝因壁炉内焚烧燃料产生

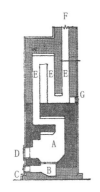

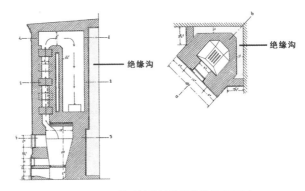

图 3.4-7　中东铁路居住建　　　　图 3.4-8　居住建筑壁炉绝缘沟位置示意图
筑封闭式壁炉结构示意图

的热量造成壁炉四周墙壁受热膨胀的情况发生，起到保护墙壁和壁炉的目的，同时绝缘沟也能够吸收室内冷空气并将其通过壁炉加热升温后从壁炉开孔处排出，起到增大壁炉放热面积而提升壁炉供暖效果的作用。（图 3.4-8）

　　由于设置壁炉会占用房间使用面积，因此壁炉通常会选择放置在房间角落这种利用价值较低的位置。中东铁路居住建筑各功能房间平面形制以矩形或方形为主，从室内空间布局协调角度出发，在矩形房间内部设置圆形壁炉不可避免会给人一种视觉上的突兀感。（图 3.4-9）三角形壁炉和矩形壁炉适合放置在内墙之中，既不会过多占用房间使用面积，也能够实现向尽可能多的空间供热。（图 3.4-10）综合来看，从壁炉散热面积、室内空间利用率、房间美观度等多方面衡量，三角形壁炉和矩形

图 3.4-9　使用圆形壁炉的中东铁路
　　　　　居住建筑旧貌

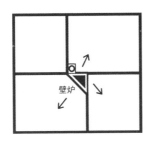
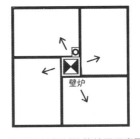

a 三角形壁炉辐射热能效果示意图　　b 矩形壁炉辐射热能效果示意图
图 3.4-10　中东铁路居住建筑封闭式壁炉辐射热能效果示意图

壁炉的实用性更强。此外，三角形壁炉和矩形壁炉在建造施工方面也相较于圆形壁炉简单，对施工者技术水平要求较低。火墙可以利用燃烧木柴或煤炭产生高温烟气的热能蓄积在砖壁上进行热辐射取暖，具有散热量大、温度平均、保温时间较长等特点。因此，多数中东铁路居住建筑会通过将作为间歇性取暖设施的壁炉与火墙相结合的方式实现对房屋室内的持续增温和有效保温。根据相关资料可知，中东铁路居住建筑的砖砌火墙除与吊顶连接处进行砖砌线脚装饰外，在外观处理方面还有三种常见方式：一种是使用俗称"荷兰砖"的砖材进行砌筑装饰，一种是在外部包裹铁皮，一种是直接在火墙表面涂抹白灰。使用"荷兰砖"或铁皮装饰包裹的火墙不仅更加具有美观性，还能够更有效地减缓火墙烟道内热能释放的速度，达到更好的热辐射效果。通过实地调研，目前发现的中东铁路居住建筑火墙留存实例中仅有包裹铁皮、表面涂抹白灰两种情况。（图3.4-11）

图 3.4-11　中东铁路居住建筑火墙现状

　　中东铁路居住建筑室内厨房的炉灶兼具烹饪饮食和辅助供暖的功能。炉灶通常设置在厨房的墙角位置，不过没有像壁炉那样与墙内火墙直接相连，而是与墙体保持一定间隙，间隙可以使炉灶因烹饪饮食而产生的热量经由炉灶顶部向整个厨房散热，从而提升室内温度达到辅助供暖效果。此外，由于俄罗斯民族饮食习惯，炉灶需要长时间烤制面包和炖煮食物，因此持续产生热量，炉灶和墙体间隙也有助于将多余热量传导进与厨房相邻的浴室或卫生间，起到辅助供暖的效果。炉灶整体使用砖材砌筑，炉灶台面安装铁板，板面根据锅底大小切割直径不同的若干圆洞，圆洞上安放同心圆炉圈；台面上方砌筑有排烟罩作用的空洞，内部烟道与烟囱直接连通，将燃烧木材或煤块烹饪食物时所产生的烟直接导出室外，烟道内安装有制动闸板可以防止室外冷空气倒灌入厨房；炉灶灰档下方砌筑拱券空洞，可以用于放置燃烧使用的木材、煤块或者厨具。（图3.4-12）

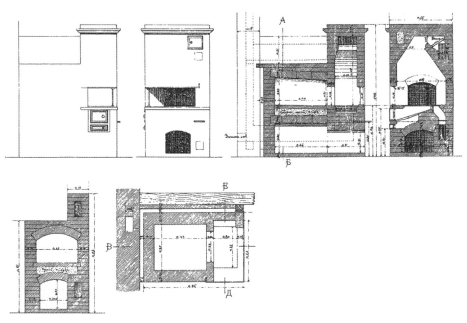

图 3.4-12 中东铁路居住建筑厨房炉灶设计图

居住建筑内部壁炉、炉灶、火墙的数量及安放位置等也是直接影响寒冷冬季时室内温度升降与否的重要因素。穿套式居住建筑通常根据隔墙位置均匀设置壁炉，以此确保室内各房间内温度均衡，使居住者获得恒温感体验。（图3.4-13）内廊式居住建筑在房间与走廊交角处的内墙中也会设置壁炉，可以实现向多个房间和走廊同时辐射热能，确保走廊获得与房间内同样的温度。（图3.4-14）一般情况下，储藏间、玄关、集合型住宅楼梯间等处对温度需求不高，不会设置壁炉及火墙调节室内温度。壁炉的数量一般是随着居住建筑使用面积、房间数量的缩减而减少，而炉灶作为室内厨房在冬季烹饪餐食的设施则每户必不可少。如使用

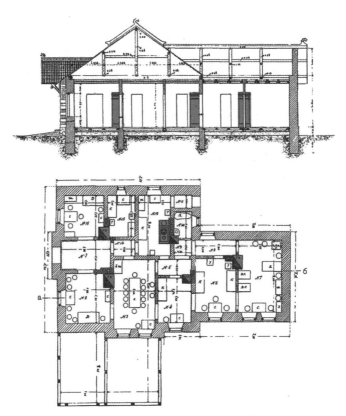

图 3.4-13　中东铁路独户型居住建筑（30 平方俄丈）剖面图、平面图
（阴影区域为壁炉、炉灶、烟道位置示意）

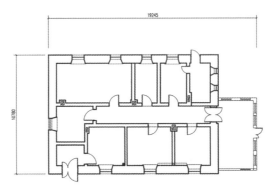

图 3.4-14　昂昂溪站中东铁路独户型居住建筑平面实测图
（阴影区域为原设置壁炉、炉灶、烟道位置示意）

面积小于 30 平方俄丈的二户型住宅建筑，每户仅有卧室、餐厅、厨房和玄关等
基本功能房间，除厨房炉灶之外，每户仅有一个壁炉供卧室和餐厅取暖使用。（表
3.4-1）使用集中供暖的集合型住宅则不在室内设置壁炉或炉灶。

表 3.4-1　中东铁路居住建筑壁炉、炉灶数量与位置统计表

住宅户型	平面图 （深灰色区域为壁炉、炉灶位置）	使用面积 （平方俄丈）	壁炉及炉灶数量	
			壁炉	炉灶
单层独户型		40.62	4	1
单层独户型		35.82	5	1
单层独户型		30.98	4	1
单层独户型		25.89	4	1
单层独户型		20.97	3	1

住宅户型	平面图 （深灰色区域为壁炉、炉灶位置）	使用面积 （平方俄丈）	壁炉及炉灶数量	
			壁炉	炉灶
单层独户型		20.93	3	1
单层独户型		30.00	4	1
单层独户型		35.75	4	1
单层独户型		25.92	4	1

住宅户型	平面图 （深灰色区域为壁炉、炉灶位置）	使用面积 （平方俄丈）	壁炉及炉灶数量	
			壁炉	炉灶
联户型 （二户）		31.76	4	2
联户型 （二户）		26.00	2	2
联户型 （二户）		20.62	2	2
联户型 （二户）		18.14	2	2
联户型 （二户）		16.72	2	2

住宅户型	平面图 （深灰色区域为壁炉、炉灶位置）	使用面积 （平方俄丈）	壁炉及炉灶数量	
			壁炉	炉灶
联户型 （二户）		13.68	2	2
联户型 （三户）		32.34	4	3
联户型 （三户）		27.03	3	3
联户型 （三户）		22.09	3	3

住宅户型	平面图 （深灰色区域为壁炉、炉灶位置）	使用面积 （平方俄丈）	壁炉及炉灶数量	
			壁炉	炉灶
联户型 （四户）		30.60	4	4
联户型 （四户）		24.04	4	4
联户型 （四户）		17.76	2	4
集合型住宅 （二户型）		45.72	4	2

住宅户型	平面图 （深灰色区域为壁炉、炉灶位置）		使用面积 （平方俄丈）	壁炉及炉灶数量	
				壁炉	炉灶
集合型住宅 （二户型）			43.88	4	2
集合型住宅 （三户型）			51.87	7	3
集合型住宅 （四户型）			60.30	12	4
集合型住宅 （四户型）			43.64	4	4

　　实地调研过程中发现，中东铁路居住建筑的壁炉实例留存数量有限，产生此种情况的原因在于后期居住者因实际生活方式不同而进行的改造。由于中东铁路居住建筑壁炉不具备烧水烹饪餐食的功能，后期居住者往往根据自身生活习惯将壁炉拆除或堵塞，在与壁炉相连接的火墙处搭建砖砌灶台满足日常烹饪餐食的需求。此外，由于后期使用过程中的中东铁路居住建筑往往是以单体房间作为一户居住单位使用，原本一座壁炉可以同时供给相邻房间取暖的设计初衷不再符合现实使用情况，后期的居住者也会在拆除壁炉之后搭建砖砌火炕，利用原墙体内烟道使热能传递到火炕以取暖。

图 3.4-15　中东铁路居住建筑烟囱与墙体位置关系

　　使用木材或煤炭等作为燃料的壁炉、炉灶会配有附属墙内的烟道和屋面烟囱作为排烟设备，以此控制烟气流动线路来确保室内空气良好和居住者身体健康。中东铁路居住建筑屋面烟囱的烟道多数位于室内隔墙转角处，与墙体一起构筑，这种烟道布置方式同样在很大程度上减少了烟道对室内使用面积的侵占，又确保了居住建筑外墙山花处砖砌落影装饰的完整性和连续性，从整体上保障居住建筑装饰的美观。（图 3.4-15）屋面烟囱一般高出屋面 0.75 米左右以确保烟道排烟通畅，烟囱的烟口部位通常用砖砌出伞状整流罩以增加烟囱的抽气能力，同时也能够有效遮挡雨风倒灌烟道导致内部潮湿和避免异物落入烟道造成堵塞。烟囱与屋面衔接部分常采用砖砌的阶梯泛水，与屋面的裙围挡板泛水、背沟组成适应坡面的泛水处理，并在结合部位使用铁皮多次叠压以防止渗水。（图 3.4-16）

　　上述中东铁路居住建筑在设计、修建过程中采取的防寒与保暖方式及供暖设施，也普遍应用于中东铁路工业遗产其他类型建筑的设计与施工过程中。除此之外，居住建筑还通过整体布局来应对寒冷气候对建筑防寒与保暖的影响。按照中东铁路铁路用地的标准规划布局模式，在铁路沿线的单侧或者两侧布置居住建筑群落，在网格状或方块状的街区内修建一定数量的居住建筑形成群落，为保持街区整体风貌，居住建筑的主立面朝向街路的主干道。街路主干道两侧及院落内普遍种植高大树木，密集有序的高大树木不仅能够在春季防沙尘、夏季增加阴凉，

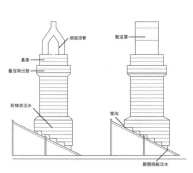

a 烟囱复原分析示意图

b 居住建筑烟囱现状

图 3.4-16　中东铁路居住建筑烟囱

而且可以在冬季减缓寒冷西北风的侵袭。（图 3.4-17）吉林、辽宁两省传统民居建筑多是南北朝向，可以在寒冷冬季最大限度获得阳光直射所带来的热辐射，以此提升室内温度。中东铁路南支线为由东北至西南走向，因此如按照中东铁路铁路用地标准规划布局模式施工的居住建筑门窗洞口是东西向开设，不仅会在冬季遭受西北风的侵袭，也会影响居住建筑在冬季通过阳光直射获得足够的热能来提高室内温度。实地调研过程中发现，南支线老少沟站、达家沟站、宽城子站等地居住建筑群落的布局改为垂直于铁路线路，门窗洞口朝南北向开设，可以有效地缓解冬季西北风对建筑的寒冷侵袭。

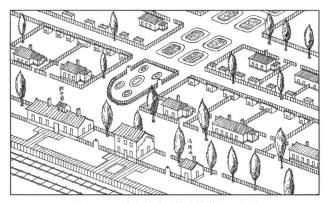

图 3.4-17　中东铁路居住建筑布局示意图

4 公共服务设施建筑形态与构成

中东铁路修筑与运营的过程中伴随着包括俄籍工程师、铁路员工及其家属在内的大批俄国移民的到来，中东铁路公司、工程局为满足数量庞大的俄国移民固有精神生活、习俗及医疗文教等方面需求，在规划铁路沿线城镇铁路用地的同时修建了东正教堂、俱乐部、医院、学校及浴房、冰窖等多种公共服务设施建筑。

4.1 东正教堂建筑

东正教又称正教、希腊正教，是基督教三大分支之一。自 325 年"尼西亚宗教会议"起基督教逐渐分裂为东、西两派，希腊语地区成为东派中心，君士坦丁堡成为东方教会中心，拉丁语地区成为西派中心，罗马成为西方教会中心。东、西两派为争夺教会的领导权，展开长期激烈斗争，1054 年基督教正式分裂为天主教与东正教。988 年东正教成为俄罗斯国教，此后东正教在俄罗斯广泛传播。"公元 988 年，即基辅罗斯大公弗拉基米尔当政时期，把东正教（时称基督教东部教会）引入俄罗斯开始，东正教就与俄罗斯国家、俄罗斯民族、俄罗斯民族文化和民族思想紧密地结合在一起。"[1]

公元 13 世纪，东正教信仰随斡罗斯（俄罗斯）人口曾一度进入中国。《元史》《新元史》等文献中曾有多处相关记载，如《元史》卷一百《兵志三》记载"文宗至顺元年十二月，命收聚讫一万斡罗斯，给地一百顷，立宣忠扈卫亲军万户府屯田，依宗仁卫例"。又如《新元史》卷一百三十一以《昔里钤部传》记载昔里钤部"太宗七年，从诸王征西域，至宽田吉思海。又从拔都征斡罗斯，攻拔也里赞城"。至清朝康熙年间，东正教再次传入中国。中东铁路建成后，东正教堂在中国东北地区再次出现。1897 年 12 月，东正教司祭亚历山大·茹拉夫斯基抵达哈尔滨，在香坊田家烧锅创建临时教堂，即圣尼古拉教堂。1898 年冬，中东铁路沿线第一座俄罗斯东正教堂——圣·尼古拉教堂在今哈尔滨市香坊区动工修建，次年 3 月竣工，该教堂由中东铁路工程局出资。中东铁路修筑及运营期间，中东铁路工程局、管理局及沙俄政府相继出资在中东铁路沿线各地修建东正教堂以

---

[1] 傅树政、雷丽平《俄国东正教会与国家（1917—1945）》，社会科学文献出版社，2001 年，第 1 页。

满足涌入中国东北地区的俄国移民宗教生活需要，东正教堂也成为中东铁路时期重要的公共服务设施建筑。东正教堂是中东铁路工业遗产留存建筑实例数量最少的类型之一，相关文献、影像等资料也相对有限，本节将根据实地调研并结合文献、影像资料尽可能全面梳理中东铁路东正教堂建筑形态及其构成概况。

典型俄罗斯东正教堂建筑在继承拜占庭教堂建筑风格的同时，又融合本民族传统木构建筑的结构、装饰等方面特征，因此俄罗斯东正教堂建筑外观呈多面体，各个角度均呈现较为完整的建筑形态。典型俄罗斯东正教堂的建筑平面采取希腊十字型或希腊十字型的变体不等臂十字型，主要划分为三部空间，即门廊、公共大厅和圣堂。希腊十字平面型制源于四臂相等的基督教十字架，最早出现于拜占庭教堂的平面型制，后传播至俄罗斯成为东正教堂常见的建筑平面型制。主入口门廊是进入东正教堂的主要交通空间，在古罗马时期教堂建筑的门廊是东正教教徒接受洗礼的地方，门廊也用作宣读和悔过的空间；希腊十字型较窄的两翼一般开设教堂次入口或窗户。公共大厅位于教堂建筑中间部分，作为教堂建筑的

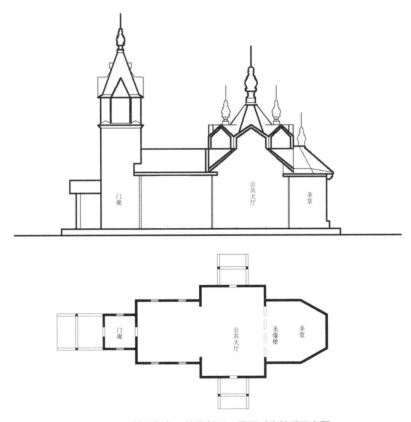

图 4.1-1 俄罗斯东正教堂剖面、平面对应关系示意图

主体，公共大厅是信徒日常进行诵读、唱咏和祷告等宗教活动，以及进行礼葬等活动的空间。圣堂，又称圣殿或至圣所，整体空间呈半圆形或多边形凸出于建筑轮廓一侧边缘，与主入口门廊相对，圣像壁将圣堂与公共大厅相分隔，圣像壁中间开门以便于沟通内外交通。圣堂一词源于拉丁语，意为高起的祭坛，圣堂内布置宝座、祭坛、供桌等宗教活动用品和器具。典型俄罗斯东正教堂的建筑侧立面一般呈"U"字型或"山"字型，"U"字型即主入口门廊顶部修建帐篷顶钟楼，公共大厅顶部修建洋葱头式穹顶；"山"字型除门廊、公共大厅顶部修建钟楼或穹顶外，在圣堂位置顶部也会修建尺度略小的穹顶。（图 4.1-1）东正教堂屋顶的穹顶数量与教堂级别、规模有着密切关系，一般穹顶数量为奇数，规格包括一个、三个、五个、七个、九个、十三个、十五个、二十一个和三十三个等不同数量，分别代表不同宗教寓意。

中东铁路初建时期，开展宗教活动的东正教堂多数是利用当地中国民居住宅或铁路施工现场临时搭建的棚厦式工棚等改造而成，因此这一时期的东正教堂无论在建筑外观抑或平面布局等方面均不具备传统俄罗斯东正教堂的建筑风格和特征，唯一能够体现东正教堂特征的是在院落内搭建的木质塔楼顶部镶嵌的木质东正教十字架。（图 4.1-2）伴随着中东铁路的修筑与运营，大批俄罗斯工程技术人员、建筑工人、铁路职员及其家属等，以及工商业者、宗教人士等不同群体涌入中东铁路沿线各地。这种情

图 4.1-2　早期东正教堂旧貌（哈尔滨）

况下，使用当地民居或工棚改造的简易东正教堂已经不能满足人口数量庞大的俄国移民宗教信仰活动需求。同时，俄国移民中还包含相当数量的儿童及青少年群体，为了满足该群体接受教育的实际需求及俄国移民的精神生活需求，中东铁路工程局将教育功能和宗教功能同时融入东正教堂的设计思路中，设计出标准化的学校型东正教堂建筑。结合原始设计图纸及历史影像资料可知，中东铁路时期的学校型东正教堂包括三种建筑形态，即可容纳 72 名学生的木制结构的学校型东正教堂、可容纳 72 名学生的砖石结构的学校型东正教堂、可容纳 36 名学生的木制结构学校型东正教堂。（图 4.1-3）

中东铁路学校型东正教堂虽然平面型制依旧采用希腊十字型，但是出于满足兼具教学活动和宗教活动两种职能对建筑空间及功能分区的实际需求，建筑平面

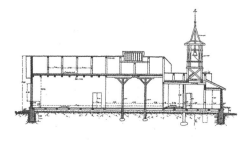 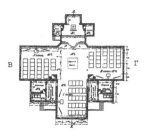

a 可容纳 72 名学生的学校型东正教堂设计图（木制结构）

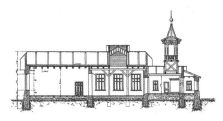  

b 可容纳 72 名学生的学校型东正教堂设计图（砖石结构）

c 可容纳 36 名学生的学校型东正教堂设计图（木制结构）

图 4.1-3 中东铁路学校型东正教堂设计图

在希腊十字型的基础上进行调整，明显区别于典型俄罗斯东正教堂的平面型制。首先，学校型东正教堂建筑平面型制以希腊十字型为基础，将四翼进行缩进或延伸，以此满足教学活动对建筑空间的实际需求。调整后的十字型四翼分别是三间面积相等的教室和圣堂，原门廊区域改做一间教室；希腊十字型的中心区域在开展宗教活动时用于信徒活动，教学期间则作为学生课间活动或休息区使用。其次，学校型东正教堂建筑平面型制在将四翼进行缩进或延伸的同时，在每两间教室的夹角处分别增加建筑空间作为教师休息室和巡道工休息室、暖廊和盥洗室，使得希腊十字型进一步变形，其平面型制既不同于典型希腊十字型也与不等臂十字型存在较大差别；为适应实际使用需求，盥洗室区分男女。最后，学校型东正教堂建筑因平面形制及功能分区的调整，相应增加了出入口数量及对应的门厅设置，出入口由一处改为三处，以适应室内功能分区的实际需求；圣堂区域一侧开设独立出入口，在每两间教室夹角处增加建筑空间分别开设出入口便于日常进出教室区域及教堂中心区域。（图 4.1-4）可容纳 72 名学生的教会学校型东正教堂每间教室面积 20 平方俄丈，放置一个讲台和 24 套桌椅；可容纳 36 名学生的教会学校型东正教堂每间教室面积约 11 平方俄丈左右，放置一个讲台和 12 套桌

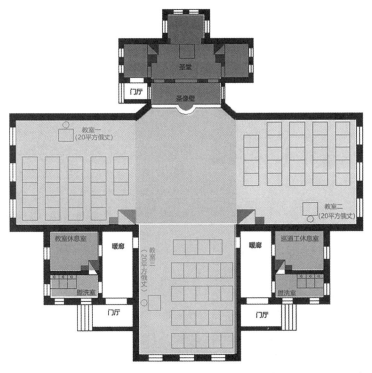

图 4.1-4　中东铁路学校型东正教堂平面功能分区示意图（可容纳 72 名学生）

图 4.1-5 绥芬河站学校型东正教堂
圣像壁旧貌

a 教堂西南侧

b 教堂西北侧

c 教堂北侧

图 4.1-6 绥芬河站学校型东正教堂

椅；圣堂由圣像壁作为与教学区域的分割边界，圣堂内部划分为多个功能房间用作放置宗教器具和唱诗班使用。（图 4.1-5）中东铁路学校型东正教堂建筑平面型制虽然在典型希腊十字型基础上进行调整变形，但是建筑立面外观依然呈现多面体，延续着典型俄罗斯东正教堂建筑立面各个角度均能够呈现较为完整建筑形态的特征。（图 4.1-6）

中东铁路干线博克图站、昂昂溪站、横道河子站、海拉尔站、绥芬河站、满洲里站等地学校型东正教堂采用木制结构，而南支线公主岭站等地学校型东正教堂则采用砖石结构。干线、南支线各站学校型东正教堂建筑形态与构成方面存在的差异主要受各地车站等级、居住人口数量、施工周期、建筑材料获取途径等方面影响。二等、三等站的学校型东正教堂多采用可容纳 72 名学生的设计图纸修建施工，以适应居住人口中适龄儿童受教育的需求。中东铁路干线途经地区森林资源丰富，木材作为容易获取、价格低廉且容易加工的建筑材料可以有效提高建筑施工速度，同时俄罗斯传统木构工艺也适合在紧张工期内大量修建房屋的实际需求。南支线主要途经的吉林、辽宁两省在当时经济相对发达，使用当地黏土烧结而成的青砖是当时广泛应用的建筑材料，而且青砖价格相对低廉。木制结构的学校型东正教堂建筑主体采用原木垒砌的俄罗斯传统木刻楞修建方式，建筑基础采用石材砌筑。教堂建筑墙体使用等长的圆木凿刻垒砌而成井干式结构，接角处榫卯咬合，凹凸处使用生石灰水浸泡过的麻和毛绳等填充，起到密封和防腐的作用。木刻楞墙体直角转角处使用直木板包饰，木刻楞墙体外以栅栏式木板条形成圈围装饰，建筑石质基础上、门窗洞口下、山墙檐部下以出挑木线脚为横隔段。（图 4.1-7）砖石结构的学校型东正教堂以砖材为主要材料修建建筑墙体，建筑立面采用中东铁路建筑常见的纵向三段式处理，山花檐口、门窗洞口、转角隔石等方面的装饰手法也采用中东铁路工业遗产其他类型建筑常见的装饰方式。（图 4.1-8）木制结构和砖石结构的学校型东正教堂建筑基础均采用石材砌筑，一方面是由于中东铁路沿途地区石材产区众多，储量丰富、种类多样，开采相对简便，石材仅需经粗加工即可满足砌筑要求，因此使用石砌建筑基础造价低廉、工序简易，适合当时中东铁路修筑时期对工期和成本的客观要求；另一方面是石材具备的耐水性好、抗风化性强、质地坚硬及抗弯性弱等特性，能够很好地满足建筑基础支撑和承受竖向荷载的要求。学校型东正教堂建筑基础石材砌筑方式主要包括整体式和分层式两种。整体式砌筑方式采用形状不规则、体积各异的石块砌筑，基础底部石材相对于上部石块体积更大，石块缝隙间使用砂浆和碎石填充，以使得整个基础外侧立面平整、光滑。分层式砌筑方式即指建筑基础分为多层，内层使用不规则石块砌筑，外层使用经加工、形制较为规则、体积相近的石块有规律地叠砌，使得整个基础外侧

图 4.1-7　横道河子站东正教堂局部

a 公主岭站学校型东正教堂旧貌　　　　b 辽阳站学校型东正教堂旧貌

图 4.1-8　中东铁路南支线砖石结构学校型东正教堂

立面规则、整齐且平整、光滑，内层石块缝隙间使用砂浆和碎石填充，外层石块间使用砂浆黏合确保紧密贴合程度。（图 4.1-9）

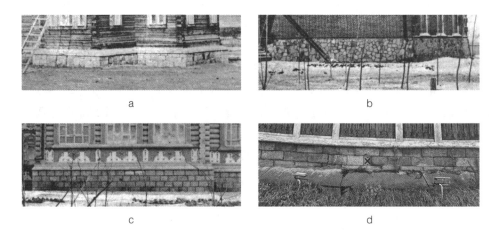

图 4.1-9　中东铁路学校型东正教堂建筑基础

中东铁路学校型东正教堂设计过程中依旧遵循着标准化思路，但铁路沿线各站东正教堂修建过程中在遵照标准设计图纸的前提下，也不同程度地对建筑构件或局部装饰造型进行调整，主要体现在屋面檐部、山墙、门窗洞口的造型装饰，以及屋顶的造型和数量等方面。

学校型东正教堂标准设计图中屋面檐部缺乏装饰，山墙及门窗洞口装饰也相对简约。通过实地调研及查阅历史影像资料发现，部分学校型东正教堂建筑在屋面檐部、山墙及门窗洞口等处装饰性木质构件造型丰富，如一面坡站、绥芬河站东正教堂建筑门窗洞口由一个三角形山花和左右两侧的平顶构成组合样式进行装饰，组合整体外挑出墙体一定距离，罩在门窗洞口之上，山花多做镂空花纹雕刻造型，下部边缘做锯齿形或半圆形交替连续的装饰造型，锯齿形或半圆形造型也会做镂空雕刻增加美观度；海拉尔站东正教堂则基本遵照标准设计图纸在门窗洞口装饰一个三角形山花，向外挑出一定距离或紧贴于墙面，将门窗洞口罩于其下方，山花两腰边缘装饰镂空的锯齿状或半圆形交替连续的轮廓装饰。绥芬河站、横道河子站东正教堂屋面檐部及山墙会装饰单层挑檐木质构件，构件镂空雕刻俄罗斯风格圆形、半圆形、三角形等几何图形组合的轮廓。除了常见的山花式装饰外，一面坡站东正教堂建筑窗洞口还采用挑檐式木构装饰方式，即窗洞檐部整体自上而下层层挑出，层次感分明，中部和底部有凹凸锯齿状轮廓或半圆式轮廓木构装饰。干线二等站昂昂溪站、南支线二等站公主岭站和辽阳站的学校型东正教

a 海拉尔站学校型东正教堂旧貌

b 一面坡站学校型东正教堂旧貌

c 昂昂溪站学校型东正教堂旧貌

d 满洲里站学校型东正教堂旧貌

e 横道河子站学校型东正教堂
（圣母进殿教堂）现状

图 4.1-10　中东铁路学校型东正教堂

堂在屋面檐部、山墙、门窗洞口造型装饰方面较为严格地遵照标准设计图纸，整体装饰相对简约，因此可推知学校型教堂建筑在造型装饰方面的调整并非与教堂所处车站站等有着直接关系，应是受到施工人员技艺水平、资金投入及工期时限等因素的影响。（图 4.1-10）中东铁路学校型东正教堂具备的教学功能使其在日常作为儿童教学场所使用，因此设计时较为充分的考虑到利用天然光线增加室内照明以此满足教学的实际需求。三间教室位置的山墙均开设高侧窗，三窗为一组，以此增加室内采光满足日常教学活动需求。窗户采取纵向狭长的矩形窗，能够更有利于自然光线透入教堂内部空间。矩形窗分为独立式和组合式两种，组合式一般是两扇或三扇矩形窗为一组。（图 4.1-11）东正教堂建筑的窗户不仅是室内采光的主要来源，如上所述窗户洞口也是建筑装饰集中体现部位。东正教堂建

a   b   c

图 4.1-11　横道河子站圣母进殿教堂窗户造型装饰

筑因建筑材料不同，窗户洞口装饰选取截然不同的造型方式。木制结构东正教堂的窗户洞口处木质装饰构件出于增加装饰效果的目的，山花式或挑檐式多数将檐部的木质构件挑出墙体，将窗处洞口罩于其下，当阳光照射时，挑出的装饰木构件所形成的阴影会一定程度上影响室内采光。砖石结构的东正教堂的窗户使用券拱装饰，装饰性效果虽略逊于木制结构东正教堂建筑，但是较少遮挡，窗户对于天然光线射入室内起到更好的效果。

　　中东铁路学校型东正教堂建筑屋顶构筑形态主要包括坡屋顶、帐篷顶、洋葱头顶，既可单设又可组合使用，构成东正教堂建筑多姿多彩的艺术造型。（表 4.1-1）坡屋顶主要包括双坡、四坡和多坡屋顶等构筑形态，除在东正教堂教室、大厅及门厅等对应屋顶区域大面积使用外，还作为不同屋顶构筑形式间的连接过渡使用。帐篷顶，即锥形顶，是学校型东正教堂建筑钟楼屋顶采用的构筑形式，帐篷顶多边形表面的陡坡角度易于冬季积雪滑落，能够有效减少屋顶维护。标准设计图中钟楼造型相对简约，采用平面呈四边形的帐篷顶造型，有的帐篷顶顶部会以一个洋葱顶收尾，显得更加浑圆饱满，顶部再树立东正教十字架。中东铁路沿线各地修建学校型东正教堂建筑时并未完全遵照标准设计图中钟楼造型，而是富于多样变化，如将帐篷顶平面的四边形变更为六边形或者八边形，或者变更为较为复杂的四边折叠式屋顶，或者变更为四边形屋顶和八边形屋顶组合式的双层屋顶。可以说，调整后的帐篷顶相较于标准图纸的原始设计给人的印象更加深刻，也更容易成为东正教堂整栋建筑的视觉中心。洋葱头顶，即圆顶向内收缩前先向外鼓起形似圆葱状，典型俄罗斯东正教堂建筑常在大厅顶部或圣堂顶部修建高耸凸起于屋面的洋葱头顶式采光亭，作为教堂的标志性符号。中东铁路学校型东正教堂标准设计图纸中并未有洋葱顶式采光亭，绥芬河站、横道河子站、公

表 4.1-1　中东铁路学校型东正教堂建筑屋顶构筑形式

坡屋顶	说明	帐篷顶	说明	洋葱顶	说明
	一面坡站		公主岭站		公主岭站
	绥芬河站		一面坡站		公主岭站
	绥芬河站		绥芬河站		绥芬河站
	昂昂溪站		满洲里站		
	昂昂溪站		博克图站		横道河子站
			海拉尔站		
			昂昂溪站		横道河子站

主岭站等站学校型东正教堂建筑修建过程中将帐篷顶钟楼位移至教室区域（俄罗斯典型东正教堂门廊位置）屋面顶部，在圣堂位置屋面顶部增建洋葱顶式采光亭，与帐篷顶式钟楼在教堂屋面形成并列关系。洋葱顶下方的鼓座由圆柱的形式承建，四周开设高侧窗。屋面增建穹顶的做法不仅使建筑整体产生高低落差轮廓感，也使得教堂内部对天然光的利用达到更好效果。采光亭与钟楼的增设和位置变化也使得东正教堂建筑立面形态发生相应改变。由于学校型东正教堂建筑平面型制是在希腊十字型基础上进行调整，钟楼位置也改为设置在圣堂区域顶部。当学校型东正教堂建筑严格遵照标准设计图纸修建时，仅在圣堂区域屋顶设置一座钟楼，正立面整体形态呈现倒置 T 字形，侧立面整体形态则呈现倒置 L 字形；当学校型东正教堂建筑屋顶同时设置钟楼和采光亭时，由于两者处于同一轴线上，正立面整体形态依旧呈现倒置 T 字形，如一面坡站学校型东正教堂；侧立面会因屋顶具有两个并列关系的凸起元素而呈现 U 字形，如绥芬河站、横道河子站、公主岭站等站学校型东正教堂。（表 4.1-2）

中东铁路工程局、管理局进行标准化设计、统一修建学校型东正教堂建筑的同时，不同群体出于各自宗教信仰需求也相继出资在中东铁路沿线各地修建服务于不同群体、性质不同的东正教堂建筑。由于修建目的、出资方及设计施工方的不同，这些东正教堂建筑的设计、修建并没有统一规划，因此建筑风格也并未统一，呈现出俄罗斯式、新俄罗斯式[1]、拜占庭式、哥特式等多种建筑风格及彼此相融合的建筑形态。（图 4.1-12）墓地教堂和祈祷教堂等东正教堂均以宗教功能为主，不兼具教学等其他功能，因此建筑平面型制根据东正教宗教仪式的需求基本遵循着典型俄罗斯东正教堂常见的希腊十字型或不等臂十字型，规整划分门

a 圣索菲亚教堂

b 圣母安息教堂

c 圣伊维尔教堂

图 4.1-12　中东铁路东正教堂

[1]［俄］德·依舍芙措娃《俄式建筑在中国——遥远又亲近的哈尔滨》,《圣·彼得堡全景》1995 年第 6 期:"新俄罗斯派是 18 世纪末与 19 世纪初俄罗斯出现的建筑新流派，它善于运用绘有彩色花纹的带型檐壁和美丽的镶板来装饰建筑物。"哈尔滨圣母安息教堂、圣伊维尔教堂均不同程度呈现出新俄罗斯风格。

表 4.1-2 中东铁路学校型东正教堂建筑立面形态

类型	T 字型	L 字型	T 字型	U 字型
案例			绥芬河站	绥芬河站
说明	可容纳 72 名学生的学校型东正教堂设计图	可容纳 72 名学生的学校型东正教堂设计图		
案例	博克图站	一面坡站	横道河子站	横道河子站
说明				

廊、公共大厅和圣堂三部分功能空间。东正教堂建筑风格、空间形态及装饰特征与建筑材料选取有着密切关系，墓地教堂和祈祷教堂等类型的东正教堂建筑广泛采用木材、砖材和石材等多种建筑材料。其中，与学校型东正教堂在建材选取方面最为显著的区别是出现以石材为主要建材、砖材作为辅助建材的石砌东正教堂建筑，如免渡河站尼古拉耶夫基卡娅教堂、大连石砌东正教堂等。石砌东正教堂建筑以石材作为砌筑墙体的主要建筑材料，砖材作为辅助建筑材料仅使用在门窗洞口贴脸、窗台等处，用以确保其部位边缘的整齐效果、增加装饰性。根据实地调研及历史影像资料综合分析，石砌东正教堂建筑的砌筑方式主要包括两种，即规则有序石块砌筑方式和无序石块砌筑方式。规则有序石块砌筑方式是使用经加工、体积相近的石块逐层规律有序地错缝叠砌建筑墙体，每层石块间也基本保持相近的高度，使得墙体整体规则、整齐且表面平整、光滑，以此可以达到砖材错缝砌筑墙体的视觉效果。无序石块砌筑方式则是使用未经加工、不规则、体积不同的石块直接叠砌墙体，每层石块间无明显规律性或层次感，石块间使用砂浆黏合，体积较小的碎石填充缝隙，尽量保持墙体外侧表面的平整，但也会不可避免出现局部凸凹不平的情况。不同形状、体积和颜色的石块的无序组合形成了东正教堂建筑墙体丰富的肌理层次，也具有一定装饰效果。（图 4.1-13）

东北地区东正教堂自 1898 年至 1922 年期间曾隶属于不同的教区。1898 年至 1903 年间，东北地区东正教堂隶属于后贝加尔教区管辖；1903 年至 1907 年间隶属于北京传教士团管辖；1907 年至 1922 年间，由海参崴教区和北京传教士团共管。20 世纪 20 年代至 30 年代是哈尔滨教区发展的鼎盛时期，1931 年哈尔滨教区由主教区改为大主教区，梅列基出任大主教。与此同时，中东铁路沿线主要城镇也在教区的主持规划下兴建了一批东正教堂建筑。结合历史影像资料及留存东正教堂建筑实地调研结果分析，干线绥芬河站协达亚尼古拉教堂、齐齐哈尔

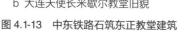

a 大连石筑东正教堂旧貌　　　　b 大连天使长米歇尔教堂旧貌　　　c 免渡河站尼古拉耶夫基卡娅教堂现状

图 4.1-13　中东铁路石筑东正教堂建筑

站圣使徒教堂、哈尔滨尼古拉教堂与南支线窑门站弗拉基米尔教堂、大连站卡赞圣母教堂等东正教堂在建筑形态及构成方面具有诸多相似性，虽然暂时未发现上述东正教堂的原始设计图纸，但是仍可推测 20 世纪 20 年代至 30 年代修建东正教堂时可能采用了类似中东铁路初建时期的标准化设计图纸或者是由同一建筑设计团队负责。20 世纪 20 年代至 30 年代修建的东正教堂以宗教活动为主要职能，不再兼具教学和宗教活动的双重职能，因此在建筑形态和构成方面呈现出典型俄罗斯东正教堂建筑特征。现以上述东正教堂建筑中保存状态最佳的窑门站弗拉基米尔教堂为例分析这一时期的东正教堂建筑形态及构成概况。

窑门站弗拉基米尔教堂，建筑整体采用砖材修建，建筑平面型制采用希腊十字型的变形不等臂十字型，南北两翼内缩使得整体呈现近似矩形，圣坛呈半圆形，和三个出入口位于四翼位置，均凸出建筑平面轮廓。教堂建筑内部圣坛两侧设置辅助房间，主入口与圣坛相对，主入口门廊两侧同样设置辅助房间，公共大厅位于中部区域，呈长方形，没有使用分割墙体，可以确保尽可能多的长椅摆放和信徒活动的自由灵活。主入口门廊前设三级台阶，门廊两侧使用砖打磨而成的圆柱支撑砖砌叠涩拱形棚顶，顶部装饰火焰券造型，两侧次入口门廊形制与主入口门廊相似，区别在于砖打磨而成的圆柱砌筑在墙体内，顶部仍为火焰券顶。主入口及两侧次入口均设门廊，不仅增加了建筑空间的丰富性，也具有保暖的实际功能。主入口门廊上方设置钟楼，从钟楼布局位置推测，当时在主入口门廊一侧的辅助房间内应设有一部东正教堂常见的旋转式楼梯直通二层钟楼。钟楼平面呈方形，每面均为两竖条拱窗并列，其上装饰与门廊相似的火焰券拱。教堂为人字形双坡屋顶，外部铺覆铁皮屋顶。（图 4.1-14）教堂室内吊顶为适应双坡屋顶的结构特点，没有采用东正教堂建筑常见的突出屋面穹顶形制，而是采用双坡屋架拉锁木桁架结构，这种拉锁结构多出现在大跨度的近代工业建筑中，是较为先进的桁架结构。由于教堂建筑体量限制，墙体开窗不再如中东铁路初期东正教堂建筑采用两扇一组或三扇一组的连续组合形式，而是采用单窗，开窗比例也较中东铁路初期东正教堂建筑细长，一方面更加适应东北地区寒冷的气候特征，一方面也是对拜占庭风格的延续。东正教堂建筑采用砖砌承重，洞口意味着墙体结构上的中断，门窗洞口按照结构形式砖拱过梁承托（砖块拼接承托），洞口的形式、尺寸、位置同砖块的尺寸有直接的关系。门窗拱券装饰更具鲜明的俄罗斯风格特征，大量使用方形或半圆形连续齿饰符号、罗马半圆券、火焰形尖拱券、俄式壁柱等，以此强调建筑的宗教意味。窑门站弗拉基米尔教堂在 20 世纪 60 年代停止宗教活动之后，建筑曾由原德惠镇第一粮食供应站等单位使用，2015 年经有关部门修复。（图 4.1-15）

图 4.1-14　窑门站弗拉基米尔教堂复原设计图（正立面、侧立面、平面）

　　中东铁路修筑与运营初期，中东铁路建设局或中东铁路管理局秉承标准化设计理念，采用通用标准图纸在中东铁路沿线各地修建学校型东正教堂建筑。学校型东正教堂建筑平面型制在希腊十字型基础上进行调整变形，以满足教育和宗教活动双重职能对功能布局的需求，因此呈现出有别于典型俄罗斯东正教堂建筑平面型制的特征。建筑立面延续着典型俄罗斯东正教堂建筑立面各个角度均能够呈现较为完整建筑形态的特征，具有典型俄罗斯建筑风格。自 20 世纪初至 20 年代，中东铁路沿线各地所修建的东正教堂因修建目的、出资方及设计施工方的多源性，东正教堂建筑形态突破通用标准化图纸的限制，呈现出多种风格及彼此间相互融合的特征。20 世纪 20 年代至 30 年代，随着哈尔滨教区的设置及快速发展，铁路沿线各地东正教堂修建再次有组织有规划进行的同时，建筑形态与构成也再次呈现出标准化趋势。

a 窑门站弗拉基米尔教堂（修复前）

b 窑门站弗拉基米尔教堂（修复后）

c 北侧出入口（修复前）

d 北侧出入口（修复后）

e 公共大厅及圣堂（修复前）

f 公共大厅及圣堂（修复后）

g 双坡屋架拉锁木桁架结构（修复前）

h 圣堂区域外侧现状

i 门廊区域外侧现状

图 4.1-15　窑门站弗拉基米尔教堂

表 4.1-3　中东铁路沿线各地东正教堂统计表（干线）

车站名称		初建等级	教堂名称	修建时间
曾用名	今名			
满洲里	满洲里	二等站	谢拉菲姆教堂	1903 年
			圣伊诺根其耶夫教堂	1905 年
			喀山圣母教堂 / 圣母玛利亚·卡扎恩斯卡教堂	1931 年
前哨	扎赉诺尔西	会让站	天使长米歇尔教堂	1924 年
扎兰诺尔	扎赉诺尔	五等站	圣米哈伊尔教堂	1923 年
			东正教堂	1924 年
海拉尔	海拉尔	二等站	主易圣荣教堂	1903 年
			卡扎恩克斯教堂	1928 年
牙克什	牙克石	五等站	卡赞圣母教堂	1926 年
			喀山圣母教堂 / 卡扎恩斯克斯教堂	1930 年
西都河	免渡河	五等站	尼古拉·耶夫基卡娅教堂	1903 年
			弗拉基米尔教堂	1911 年
兴安	兴安岭	五等站	兴安岭教堂	1902 年
博克图	博克图	二等站	亚历山大教堂	1902 年
巴林	巴林	五等站	谢尔盖教堂	1937 年
扎兰屯	扎兰屯	三等站	圣尼古拉教堂	1915 年
福来尔基	富拉尔基	会让站	圣索菲亚教堂	1907 年
			圣母进殿教堂	1917 年
齐齐哈尔、西屯	昂昂溪	二等站	圣尼古拉教堂	1898 年
			教会学校教堂	1910 年
			圣使徒教堂	1913 年
			圣使徒教堂	1917 年
			圣安德列耶夫祈祷教堂	1934 年
安达	安达	三等站	东正教堂	1914 年
			尼古拉·阿列克赛耶夫教堂	1920 年
			圣母帡幪教堂	1922 年
			主易圣荣教堂	1921 年
			圣伊凡教堂	1923 年
			传福音约瑟夫教堂	1923 年
			圣使徒教堂	1924 年
秦家岗	哈尔滨	一等站	圣尼古拉教堂	1898 年
			圣尼古拉教堂祈祷所	1900 年
			圣母帡幪教堂	1902 年 / 1922 年

车站名称		初建等级	教堂名称	修建时间
曾用名	今名			
秦家岗	哈尔滨	一等站	圣母领报教堂	1903 年
			圣索菲亚教堂	1907 年
			圣伊维尔教堂	1907 年
			圣伊维尔教堂	1908 年
			圣母安息教堂	1908 年
			阿列克谢耶夫教堂	1912 年
			主易圣荣教堂	1921 年
			圣伊凡教堂	1923 年
			传福音约瑟夫教堂	1923 年
			圣阿列克赛耶夫教堂	1924 年
			圣使徒教堂	1924 年
			圣母弗拉基米尔修道院	1924 年
			圣母喀山男修道院	1924 年
			圣波里斯教堂	1927 年
			圣尼古拉教堂	1927 年
			圣尼古拉教堂	1928 年
			圣母帡幪教堂	1930 年
阿什河	阿城	三等站	圣福音教堂	1916 年
二层甸子	玉泉	三等站	喀山圣母教堂	1901 年
二道河子	平山	三等站	喀山圣母教堂	1937 年
一面坡	一面坡	二等站	圣谢尔盖教堂	1901 年
苇沙河	苇河	五等站	圣尼古拉教堂	1921 年
			圣三一教堂	1936 年
亚布洛尼	亚布力	三等站	圣尼古拉教堂	1934 年
横道河子	横道河子	三等站	圣母进殿教堂	1903 年
海林	海林	三等站	格奥尔基教堂	1922 年
穆棱	穆棱	三等站	天使长米歇尔教堂	1909 年
			东正教堂	1933 年
五站	绥芬河	二等站	协达亚·尼古拉教堂	1908 年
			协达亚·尼古拉教堂	1913 年
			圣尼古拉教堂	1915 年
			东正教堂	1916 年

表 4.1-4　中东铁路沿线各地东正教堂统计表（南支线）

车站名称		车站等级		修建时间
曾用名	今名			
双城堡	双城堡	四等站	圣使徒教堂	1904 年
陶赖昭	陶赖昭	四等站		1899 年
老少锅	老少沟	会让站	主易圣荣教堂	1923 年
窑门	德惠	三等站	弗拉基米尔教堂	1922 年
一站、宽城子	长春	四等站	圣尼古拉教堂	1908 年
三站	公主岭	二等站	阿列克谢耶夫教堂	1903 年
			石筑教会学会教堂	1905 年
青泥洼	大连	/	石筑教会学校	1900 年
			大连六角堂	1900 年
			天使长米歇尔教堂	1912 年
			卡赞圣母修道院教堂	20 世纪 20 年代
旅顺口	旅顺	三等站	尼古拉教堂	1903 年
			墓地教堂	1908 年

说明：根据《东正教和东正教在中国》《黑龙江省志·宗教志》《辽宁省志·宗教志》《哈尔滨市志》等文献整理。

4.2　俱乐部建筑

俱乐部作为中东铁路时期供铁路职员、技术人员及俄籍政要商贾休闲娱乐的重要场所，铁路修筑初期未有固定场所，娱乐设备及活动也相对单一，即便作为中东铁路重要枢纽、一等站的哈尔滨也未在铁路修筑时期修建俱乐部建筑。（俄）Н.П.克拉金《哈尔滨——俄罗斯人心中的理想城市》一书中记载，"俱乐部最初没有自己固定的活动场所，只能在租来的房子里组织晚间的娱乐活动。一般情况下，这些租来的场所都十分简陋。……早期业余文化活动，也大多围绕哈尔滨及其中东铁路的建设问题进行。这并不是真正意义上的娱乐活动。实际上，当时传统的娱乐项目有台球、桥牌等……"根据实地调研及历史影像、文献资料等分析，中东铁路俱乐部建筑并未如其他工业遗产类型建筑使用标准化图纸修建，而是各地根据自身实际情况在铁路正式运营后陆续修建，因而在地理区位、修建时期、功能需求等多重因素的影响下，中东铁路沿线各地俱乐部呈现出不同的建筑形态和构成、空间平面组合方式及功能布局。（图 4.2-1）中东铁路俱乐部作为以提供休闲娱乐服务为主的功能型建筑，不论外部建筑形态、构成或内部空间平面

a 哈尔滨中东铁路俱乐部现状

b 昂昂溪站俱乐部现状

c 安达站俱乐部现状

d 窑门站俱乐部现状

e 宽城子站俱乐部现状

f 哈尔滨总站枢纽俱乐部现状

图 4.2-1　中东铁路俱乐部建筑

组合方式及功能布局存在何种差别，俱乐部都会包括剧场或舞厅、餐饮、办公室等基本功能房间，一等站或二、三等站俱乐部还会根据建筑外部空间环境设置花园、凉亭等附属设施建筑。

　　哈尔滨中东铁路俱乐部位于今哈尔滨市南岗区西大直街，由俄国建筑师 K.X. 邓尼索夫设计、中东铁路民用建筑工程师 Ю.П. 日丹诺夫监督修建，始建于1910 年，1911 年 12 月竣工交付使用。俱乐部集观影、演出、餐饮及休闲娱乐于一体，[俄] 梅利霍夫《遥远而近在咫尺的满洲》一书中记载其内部设施情况："能容纳 900 多名观众的剧场和豪华宽敞的舞台、贵宾厅和其他辅助厅，其中包

a 俱乐部全貌

b 木质凉亭

c 露天剧场

图 4.2-2 哈尔滨中东铁路俱乐部旧貌

括电影放映室、台球室、富丽堂皇的观众休息室、图书阅览室、棋牌室，还有小吃部（饭店）和酒吧等……总之，大楼里的文化娱乐设施十分完备、应有尽有。"俱乐部建筑采用砖混结构，地面二层、地下一层，初建时总面积 3020 平方米，后期扩建至 5336 平方米，最高处达 11 米，建筑外侧庭院内曾修建有木质凉亭、网球场及露天剧场各一处。（图 4.2-2）俱乐部典型折中主义建筑风格，立面采用非对称模式。（图 4.2-3）立面中部不开设出入口，立面中部采用四根爱奥尼式壁柱配以女儿墙整体突出建筑主体；主入口未设置在建筑立面中轴处，而是设置在建筑立面左侧，主入口门廊两侧壁柱采用双列柱样式，自门廊上部向外延伸与墙面连为一体，以此强调主入口的位置，同时也能够起到支撑顶部雨篷的作用。建筑右侧的次入口两侧倚柱嵌入墙体，倚柱采用塔斯干柱式，柱头由圆线形与长方体柱顶垫石组成，柱基为矩形、柱础

雕刻有半圆线脚，柱体整体比例协调，柱体具有较强装饰性的同时也能够承担着来自上方雨篷的荷载，起到一定支撑作用。（图 4.2-4）俱乐部平面呈不规则图

图 4.2-3 哈尔滨中东铁路俱乐部设计图（立面图）

a 主入口

b 侧入口

c 立面中部

图 4.2-4 哈尔滨中东铁路俱乐部现状

a 剧场旧貌

b 剧场现状

图 4.2-5 俱乐部剧场

形,功能分区相对复杂,除剧场和舞厅外,还包括近 70 间面积大小不一的房间。(图 4.2-5)俱乐部平面布局以剧场为中心,其他功能空间围绕剧场布置,呈现一种聚集式形态;以主入口门厅为起点,散点式连接起其他功能房间,面积较小的功能房间之间采取穿套式的空间平面组合方式相互连通,虽然不可避免交通流线会存在交叉的可能,但是减少了走廊或门厅作为室内交通空间的连接功能,将室内相对有限的面积尽可能多的划分为有效的功能房间来使用。(图 4.2-6)剧场舞台右侧的"L"型空间,从与舞台间位置关系及与周边其他空间连通情况分析,很可能是作为剧场后台供演出人员使用。该"L"型空间仅与剧场舞台相连通,进出仅有一个出入口且与舞台相通,能够使演出人员免受来自外界的干扰,比较充分地考虑到演出人员的隐私及安全。(图 4.2-7)俱乐部主入口门厅起到人流聚集和疏散作用的同时也考虑到无室外门斗影响防寒效果,将门厅设置高低差明显的踏步,使室外寒风渗入室内是在下沉空间积聚,减弱其对室内其他空间的影响。俱乐部主出入口外不设置门斗,以避免对大流量人群出入的影响。俱乐部主出入口外置具有一定高差的踏步台阶,以此防止室外雨水倒灌室内。踏步台阶两侧设置栏板,栏板使用混凝土作镂空造型,台阶整体外凸于建筑主体,具有强调

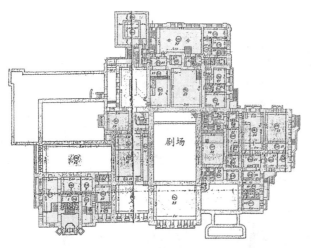
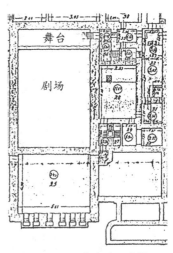

图 4.2-6　哈尔滨中东铁路俱乐部一层平面图
（阴影部分为采用穿套式空间平面组合方式的房间）

图 4.2-7　剧场舞台区空间
位置关系示意图

建筑主出入口作用的同时也具有一定装饰效果。台阶使用石块砌筑，利用石材耐久性的自然属性来抵御雨水冲刷和频繁人流踩踏所造成的磨损。

　　昂昂溪站俱乐部位于今齐齐哈尔市罗西亚大街与铁中街交汇处，1904 年动工修建，1906 年竣工并投入使用。昂昂溪站俱乐采用典型新艺术运动建筑风格，尤其在建筑墙体设计手法上体现出典型的新艺术运动装饰符号特色。檐下砖砌线脚凸出于墙面，线脚下方同样砖砌出连续的方形装饰；墙垛端部以圆点装饰开始，下垂凸凹直线，属于爱奥尼柱式的抽象变形，均是典型欧洲新艺术符号特征。女儿墙采用了墙垛与片段墙组合的方式，通过墙垛与片段墙间高矮、宽窄的变化增强了女儿墙的立体感和光影效果，加之墙垛装饰的新艺术运动特征符号，女儿墙整体造型则更加灵动。此外，俱乐部建筑窗的形态也体现出其典型的新艺术运动建筑风格。昂昂溪站俱乐部建筑窗采用了矩形窗和圆形窗的组合方式，矩形窗与建筑结构框架平行，窗楣采用中东铁路工业遗产建筑常见的木梳背式券拱，中间砖砌凸出于券拱的拱心石，拱形上部呈弧形状态，使得矩形窗符合新艺术运动风格的圆润特征。圆形窗造型特点较难与其他形态窗协调，因此中东铁路工业遗产建筑中圆形窗应用较为少见，昂昂溪站俱乐部圆形窗位于俱乐部剧场部分外侧墙体端部最高点处，一方面大尺度开窗可以有效增加剧场内自然采光效果，一方面体现新艺术运动风格特征增加装饰点缀效果。（图 4.2-8）昂昂溪站俱乐部建筑主体为砖木结构，建筑面积 1736 ㎡，主体二层，局部三层，室内每层层高 4.5 米、局部层高 12 米。俱乐部建筑内部分区明确，综合性功能明显，主要包括剧场、舞厅、餐厅及办公场所等主要功能房间。俱乐部建筑平面呈不规则

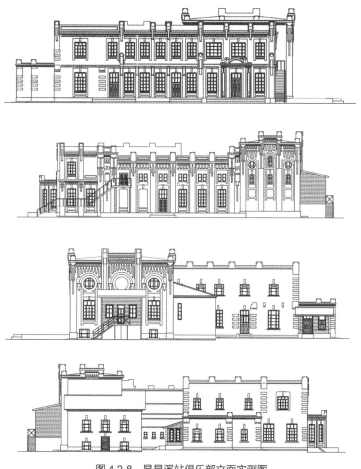

图 4.2-8　昂昂溪站俱乐部立面实测图

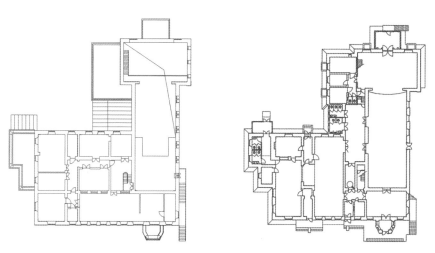

图 4.2-9　昂昂溪站俱乐部一层、二层平面实测图

L 型，一层划分为剧场、舞厅及餐饮服务区，以主入口门厅为起点，采用内廊式与穿套式相结合的空间平面组合方式将不同功能区彼此相连的同时又相对独立，整体交通动线流畅，使得人流可以在不同功能区间自由切换，避免往来不同功能区间的人流发生不必要的动线交叉。俱乐部二层采用内廊式空间平面组合方式，各房间采用隔墙分割，沿内廊单侧排列。（图 4.2-9）剧场是俱乐部建筑的主要组成部分，位于平面 L 型的长边，整体贯通一、二层，通高 12 米，剧场平面呈矩形，布局相对简单，仅包括舞台、观众席、门厅等必要功能空间。剧场整体结构简明，局部设二层观众席，一层观众席不起坡，因此部分位置视音效果相对较差，一层和二层共设 516 个观众坐席。舞台空间远高于观众席空间，舞台一侧、一层公共走廊尽头设置辅助空间作为演职人员休息及备演使用。由于辅助空间位于俱乐部建筑一层公共走廊尽头，因此能够有效隔绝演职人员以外人员进入，确保该空间的独立性和私密性。（图 4.2-10）二层观众席由横梁结构支撑，不另外砌筑楼板，横梁由两根钢轨相互焊接而成，焊接位置为钢轨横截面长边，焊接后的钢轨两端嵌入承重墙体内，横梁不直接与观众席底部相接触，两者间由与横梁位置垂直的方钢梁过渡，观众席自身重量荷载经方钢梁传到钢轨横梁上，再由钢轨横梁传给承重墙，保证了二层观众席的稳固安全。（图 4.2-11）剧场除在一楼公共走廊一侧及俱乐部主入口门厅内一侧开设可自由出入一楼观众席区域的出入

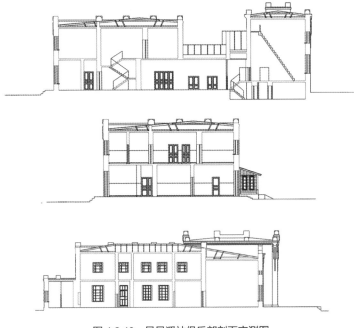

图 4.2-10 昂昂溪站俱乐部剖面实测图

a 一层观众席及舞台

b 一层、二层观众席

c 一层观众席

d 二层观众席及舞台

e 二层观众席横梁结构

图 4.2-11　昂昂溪站俱乐部剧场现状

口外，还在舞台后侧另设出入口及较大空间的门厅，用于引导、聚集部分人群和疏散人流，缓解其他出入口的人流压力。整体来说，昂昂溪站俱乐部建筑内部结构保存完整，后期使用过程中未进行过多结构改造，能够有效了解中东铁路时期俱乐部建筑的设计理念。

　　窑门站俱乐部位于今德惠市爱民街，俱乐部呈折中主义建筑风格，建筑正立面采用中东铁路工业遗产常见的纵向三段、横向五段式处理。女儿墙由实体墙提升后直接构成，起伏依外墙轮廓而定，主次分明。檐部层层出挑，连续的檐部结合女儿墙而设计，为避免连续檐部水平长度过长而可能产生的枯燥感，每间隔一定距离通过檐部凸起的方式增加整体的节奏感；受建筑整体尺度限制，檐部下方不设托檐石，但在二层窗户窗楣处装饰线脚下方设置非实用性托檐石造型装饰。壁柱位于每组窗户之间，自檐下垂落至一层窗户下墙线脚之上，平整通长、简洁

图 4.2-12　窑门站俱乐部正立面实测图

的壁柱虽然缺少装饰性，但是具有明显的构图作用。（图 4.2-12）俱乐部建筑主体砖混结构，局部二层，木屋架。建筑平面呈 T 字形，由前后两部分组成，前半部分为 T 字形"横"，后半部分为 T 字形"竖"，平面功能空间划分简洁。T 字形"横"部分为两层，一层为门厅，二层为观众席及办公室、放映室等功能空间。由主入口直接进入俱乐部门厅，门厅侧面设置连通一层、二层的楼梯。将楼梯设置在门厅侧面的做法，一方面能够最低限度减少对门厅空间的挤占，营造出门厅宽敞的视野效果，有利于聚集和疏散，也有助于人群快速定位楼梯和走廊位置；另一方面楼梯缓台处墙面的开窗有利于室外自然光线透入室内，增加楼梯空间和门厅空间光照的同时也会形成光影变化，强化了视觉效果。由主入口经前厅可直接进入 T 字形"竖"部分，即俱乐部剧场部分。剧场兼具舞厅功能，平面呈矩形，贯穿二层，经实测长 20 米、宽 9 米、挑高 7 米，完全可以满足开办宴会、舞会等较大型休闲娱乐活动对空间的需求。同时剧场两侧墙体开设大尺度矩形窗，满足大尺度空间对自然采光的要求。（图 4.2-13）

a　剧场内部

b　剧场外部

图 4.2-13　窑门站俱乐部剧场

宽城子站俱乐部位于今长春市凯旋路，俱乐部呈折中主义建筑风格。建筑主体砖混结构，木屋架，主体建筑为两层，北侧局部三层。屋面主体为四坡屋顶，屋顶层次丰富，高低错落，东侧角楼有帐篷式尖顶。建筑立面除东侧角楼部分外，立面采用纵向三段、横向五

图 4.2-14　宽城子站俱乐部旧貌

段式处理，造型轮廓整齐。（图 4.2-14）（图 4.2-15）正门入口处采用马蹄形拱门造型，后期加建门廊及两侧坡道。俱乐部平面呈不规则形状，在面积有限的情况下，尽量强调和突出了俱乐部的实际使用功能。主出入口处设置大尺度门厅，门厅两侧设置楼梯间，由门厅延伸向东侧、西侧形成内廊，内廊单侧或两侧逐一布置面积相近或相等的房间，根据实地调研分析，北侧部分房间为后期使用过程中

宽城子站俱乐部复原设计图（正立面）

图 4.2-15　宽城子站俱乐部

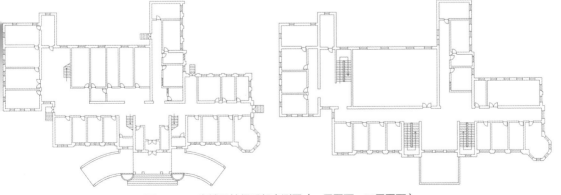

图 4.2-16　宽城子站俱乐部实测图（一层平面、二层平面）

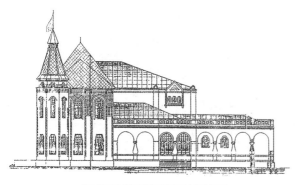

a 宽城子站俱乐部西侧原始设计图　　　　　b 宽城子站俱乐部西侧现状

图 4.2-17　宽城子站俱乐部西侧敞廊

加建隔墙所形成；一层北侧内廊连接着开向北面的敞廊，西侧内廊连接着西北向的舞厅，由于舞厅对自然光透入要求较低，因此未设置在建筑外立面一侧，舞厅通高二层形成较大的空间。（图 4.2-16）二层空间平面组合方式同样采用内廊式，二层与一层西侧敞廊相对应位置各房间为后期加建所形成，加建过程中一层敞廊也封闭为室内空间。（图 4.2-17）宽城子站俱乐部作为典型的折中主义风格建筑，墙体表面装饰方面混搭与杂糅了多种建筑风格元素。壁柱造型方面既有兼具古典主义柱式和俄罗斯风格小尺度壁柱，也有富于曲线变化的中式玉壶春瓶状柱身与柯林斯式卷草样式柱头相结合的壁柱形态。壁柱位于每组窗户之间，通长的壁柱也起到建筑立面分割效果。壁柱柱身表面简洁，米黄色墙体背景下，凸显出洁白的壁柱的端庄优雅。窗户形态多样，折券窄窗、梯形拱券窗、半圆拱窗、圆形券窗彼此间相呼应，并通过对窗户尺度的控制达到进一步增强装饰效果的目的。（图 4.2-18）宽城子站俱乐部墙面装饰方面呈现的混搭与杂糅的建筑风格元素通过抹灰工艺得以实现，抹灰工艺在塑造墙面装饰造型时较少受尺寸、纹样等方面限制，在起到强调装饰轮廓细部效果的同时也具有一定加固保护墙体作用。

中东铁路俱乐部建筑多为二层结构，不同楼层间由公用楼梯连通，楼梯作为实用建筑构件的同时还具有较强的装饰性。实地调研中发现，中东铁路俱乐部建筑室内楼梯装饰集中在踏步、护栏等部位。楼梯踏步常见有石板、水磨石和石灰石等材质，其中水磨石踏步颜色多样且纹路丰富，踏步边缘可做弧度处理而更具有装饰性。楼梯护栏常见采用铸铁栏杆和木质扶手的组合形态。铸铁经过切削、锻造成所需幅面规格，再进行弯花处理，铸铁栏杆立面多采用曲线、直线相结合的造型，栏杆构件交叉结合处主要采用铆接方式连接，铸铁栏杆和木质扶手组装后会外层刷漆以耐腐蚀且加强美观效果，至今百余年依旧坚实耐用。（图 4.2-19）

图 4.2-18 宽城子站俱乐部壁柱及窗户造型

宽城子站俱乐部旧址楼梯扶手　　　　　　窑门站俱乐部旧址楼梯扶手

图 4.2-19 中东铁路俱乐部楼梯扶手

4.3 医疗教育建筑形态和构成

4.3.1 医院与疗养院建筑

医院与疗养院作为典型的医疗场所是中东铁路公共服务设施建筑的重要组成部分。1898 年中东铁路工程局即组建医疗部门，其中干线设置 14 个医务段、南支线设置 5 个医务段，医务段下设医院、医务所等不同等级和建筑规模的医疗建筑。1903 年中东铁路管理局成立初期下设的 11 个部门中即包括医务处，医务处负责中东铁路全线及各地铁路用地内的公共医疗卫生事宜。

中东铁路工程局、管理局根据铁路沿线各地实际情况设置不同等级和建设规模的医院，主要分为可容纳 160 张床位的医院、可容纳 130 张床位的医院、可容纳 40 张或 50 张床位的医院。通常情况下，综合性质医院的组成科室部门繁多，如果将众多科室部门集中在同一空间内需要为就医者及住院患者提供一个易于识别的空间环境，方案设计和建筑修建过程中都需要消耗大量时间及人力、物力。中东铁路时期，医务段下设医院采取分散式布局，将医院内设各科室门诊、住院及辅助部门分别设到彼此独立的单体建筑中，共同构成一个医疗建筑群组。通过对中东铁路哈尔滨中央医院旧址的实地调研发现，院内单体建筑在布局时尽量减少了建筑朝向与东北地区冬季西北风和夏季东南风的主导风向平行或者垂直的情况，最大程度上降低了建筑受气候环境的影响。（图 4.3-1）每栋单体建筑所具备的医疗功能相对单一，因此建筑空间平面组合方式与交通体系简明，相应的建筑工期短，成本造价低。

医院建筑作为支持医疗服务的功能空间主要分为问诊空间、住院空间及辅助空间。其中，住院空间包括病房、护士站及卫生间、浴室等辅助房间，也是医院建筑空间占比最大的功能空间。病房是患者住院治疗期间短期或长期居住的场所，对采光和通风要求较高，加之地处寒冷地区，病房冬季对日照需求也格外高。为满足病房对自然采光和通风的高要求，中东铁路医疗建筑设计时会缩小建筑平面的进深，来增强室内采光和通风，建筑空间平面组合方式也相应采用单廊式。单廊式结构简单易于施工，也有利于自然采光和通风，为避免单廊流线过长，建筑平面采用 L 形、U 形、E 形或其变体样式，将问诊空间、住院空间及辅助空间分别设置在横线部分和竖线部分。为避免问诊空间、住院空间彼此交通流线的干扰，以及降低院内感染的可能性，不同功能空间会设置独立出入口。设置不同功能空间独立出入口的做法不仅避免了交通拥堵，确保医疗建筑内部流线畅通，同时建筑主次出入口与建筑朝向相匹配可形成有效的进出风口，不仅有利于室内自然通风组织，也便于自然风带走建筑表面受太阳热辐射而产生的热量，减

a 中东铁路哈尔滨中央医院全景

b 中东铁路哈尔滨中央医院全景

c 中东铁路哈尔滨中央医院传染病房
（可容纳 15 张床位）

d 中东铁路哈尔滨中央医院外科病房
（可容纳 32 张床位）

e 中东铁路哈尔滨中央医院药房

图 4.3-1　中东铁路哈尔滨中央医院旧貌

少室外传入室内的热量，有效降低室内温度。L 形、U 形、E 形能够有效形成半围合式或相对封闭内向的建筑形态，相比于矩形的建筑形态可以制造更多的防风室外场地，不仅有利于防风御雪，也利于接受更多的阳光。病房对采光和通风要求较高，中东铁路医疗建筑通常将病房设置于走廊端部，或者将病房单排在走廊一侧。病房位于走廊端部，在保障交通流线顺畅的同时也能够有效避免外界对病房的干扰，保障住院患者休养的实际需求。同时，室内可以两侧开窗，为患者康复提供充足的日照、通风及良好的景观视野。不过，由于开窗过多，也不可避免使得病房散热面积增大，对室内供暖提出更多需求，取暖用壁炉数量相应增加。根据建筑单廊式的空间组合方式将病房单排在走廊一侧，在充分满足病房对自然采光需求的同时，由于病房门直接开向走廊，能够与病房窗户、走廊窗户形成有效进出风口，有利于病房内自然通风组织。病房内床位排列选择垂直或平行于采

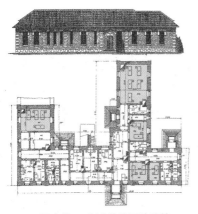

a 可容纳 14 张床位的医院建筑

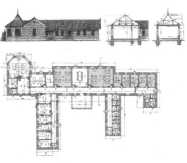

b 可容纳 14 张床位的医院建筑

c 可容纳 15 张床位的医院建筑

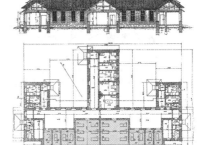

d 可容纳 20 张床位的医院建筑

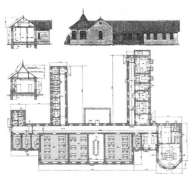

e 可容纳 26 张床位的医院建筑

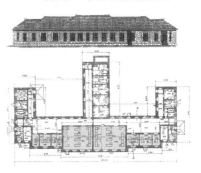

f 可容纳 30 张床位的医院建筑

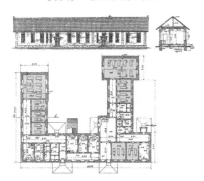

g 可容纳 30 张床位的医院建筑

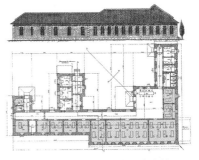

h 可容纳 36 张床位的医院建筑

图 4.3-2　中东铁路医院建筑设计图（阴影区域为病房）

光窗墙面，这样可以有效确保每位患者的床位能够尽可能获得自然光线照射。充足的自然采光不仅提升病房内照明和室内温度，还有利于紫外线引入消灭细菌。病房位置和室内布局合理有效地利用了自然采光与自然通风，最大程度上减少了对医院建筑人工照明和人工通风设备的依赖。（图4.3-2）

　　医院的室外医疗环境质量与住院患者的心理状态直接相关，理论上来说位置合理、尺度适宜、赏心悦目的室外医疗环境能够有助于消除住院患者紧张、恐惧的心理状态，使住院患者获得心理抚慰、缓解焦虑，为患者康复提供良好基础。分散式布局使建筑单体间留有间距，客观提升了可用于建设室外医疗环境的条件。中东铁路医院各建筑单体间空地通常会依据地势和环境由道路进行分割，形成不同的庭院景观，打造出舒适的室外医疗环境。（图4.3-3）考虑到东北地区自然气候实际情况，庭院内以种植耐寒植物为主，未搭建水系景观。同时，绿色植被有防灰尘、冷却、保湿和净化空气、涵养水土等功能。（图4.3-4）

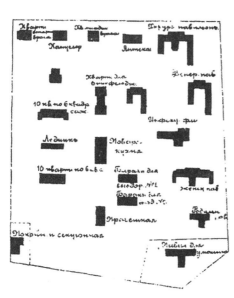

a 中东铁路哈尔滨中央医院布局示意图
（可容纳 160 张床位）

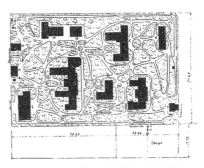

b 可容纳 50 张床位医院布局示意图

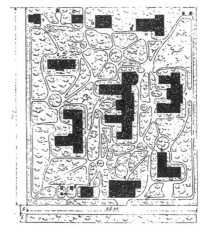

c 可容纳 50 张床位医院布局示意图

图 4.3-3　中东铁路医院布局示意图

图 4.3-4　公主岭站医院庭院旧貌

　　中东铁路沿线各站除设置具有一定规模的医疗建筑群组形成的医院外，包括部分三等、四等以及五等站、会让站还会根据实际需求设置有医务所。医务所兼具问诊就医、住院治疗的功能，根据各站实际情况分别采用可容纳 5 张床位和10 张床位的标准设计图修建。医务所建筑为单层砖木结构，砖墙承重，上托木结构屋架，平面呈 L 形，平面布局采用单廊式交通流线方式，将问诊空间、住院空间分别布置在 L 形的横线部分和竖线部分，实现在紧凑空间内不同医疗活动的分

a 立面图、剖面图

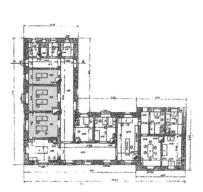 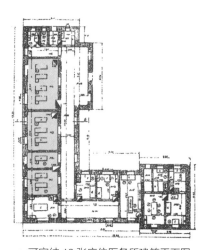

b 可容纳 5 张床位医务所建筑平面图
（阴影区域为病房）

c 可容纳 10 张床位医务所建筑平面图
（阴影区域为病房）

图 4.3-5　中东铁路医务所建筑设计图

离，同时将主出入口设置在 L 形结构拐角处偏向门诊就医区处，即 L 形横线部分立面中心处，力图有效地避免可能发生的院内交叉感染风险。（图 4.3-5）医务所病房开窗、床位等方面的布置理念与医院建筑群组中单体医疗建筑病房相一致。医务所建筑开窗包括三种规格，分别是宽度 0.75 俄丈、0.5 俄丈、0.25 俄丈，第一种主要用于病房，后两种主要用于诊室、药房或卫生间等处。结合病房开间和进深比例，宽度为 0.75 俄丈的窗户能够十分有效地满足室内自然采光和通风需求，不仅有助于患者休养，而且能十分有效地降低对人工照明和采光设备的依赖程度，符合铁路沿线等级不高的车站物资供给方面的实际情况。（图 4.3-6）可容纳 5 张床位和 10 张床位的医务所建筑结构相似，外观建筑形态根据内部可容纳病床数量多寡而增建纵深长度或开间数量，住院空间布局也因病床数量进行相应调整。建筑立面采取非中轴线对称形式，遵循中东铁路工业遗产建筑常见的三横段构图理念，立面纵向由毛石基础、砖砌主体、檐部及屋面等部分构成，山墙山花处砖砌落影装饰线脚与墙体四周转角隅石相连接，门窗贴脸使用弧拱券，券顶合龙砖位置砌筑突出于券身的拱心石，主出入口设置木质雨篷。（图 4.3-7）

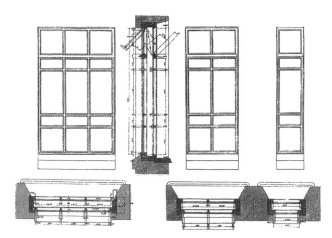

图 4.3-6　中东铁路医务所建筑窗户设计图

a 正立面

b 背立面

图 4.3-7　扎兰屯站医务所旧貌（可容纳 5 张床位）

中东铁路医疗建筑因功能类型不同，虽然空间平面组合方式各异，但是在交通流线方式、建筑结构、外观建筑形态方面具有明显的相似性。医疗建筑的功能流线区别于其他公共服务设施建筑，包括患者流线、医护人员流线及后勤辅助流线。中东铁路医疗建筑将问诊空间、住院空间及辅助空间分别布置在平面的不同横线部分或竖线部分，采用单廊式加独立出入口的空间平面组合方式，将不同流线可能产生的相互干扰降到最小。中东铁路医疗建筑采用典型俄罗斯建筑风格，砖木结构，以砖墙承重，上托木结构屋架，屋顶根据平面布局不同采用四坡屋顶或多坡屋顶，部分开设老虎窗以便于自然采光和通风，门窗洞口有券拱装饰，墙体四周转角、山墙均有砖砌隅石和落影装饰。整体来说，医疗卫生建筑相对东正教堂、俱乐部等其他类型公共服务设施建筑来说建筑立面造型更为简洁，这种做法能够以减少表面积系数的方式来减少建筑的散热量。由于中东铁路医疗建筑在建筑形态及门斗和雨篷、檐口、山花、门窗贴脸、线脚和隅石等建筑装饰方面呈现出中东铁路工业遗产建筑形态和构成的模块化特征，因此仅从建筑外观层面较难判断出其实际使用功能。但是由于医疗建筑的住院治疗区供暖需求量较大，因而会在屋面设置大量烟囱对应室内的壁炉及烟道，也因此呈现出有别于其他建筑的特征，可以结合建筑室内空间布局作为判断是否是医疗卫生建筑的佐证。（图 4.3-8）

中东铁路疗养院建筑作为提供中东铁路各级职员及其家属医

a 海拉尔站医院（可容纳 50 张床位）医疗建筑

b 绥芬河站医院（可容纳 40 张床位）医疗建筑

c 绥芬河站医院（可容纳 40 张床位）医疗建筑

d 公主岭站医院（可容纳 130 张床位）医疗建筑

e 公主岭站医院（可容纳 130 张床位）医疗建筑

图 4.3-8　中东铁路医疗建筑旧貌

a 一面坡站疗养院旧貌　　　　　　　　b 扎兰屯站疗养院旧貌

c 巴林站疗养院旧貌

图 4.3-9　中东铁路疗养院旧貌

疗、休养的场所，主要选址修建在气候宜人、景色优美、山水环绕的铁路沿线城镇，如干线横道河子站、一面坡站、扎兰屯站、巴林站等处均曾修建有中东铁路疗养院建筑。结合历史影像资料与实地调研可知，中东铁路疗养院建筑并未使用通用的标准化图纸修建，而是根据疗养院所在地自然环境、接收病患情况、修建时期等方面的差异采用不同设计方案，但是均会充分考虑到院区内植被绿化、水系景观及休闲场所配套建设等。（图 4.3-9）经实地调研，中东铁路疗养院建筑留存十分有限，一面坡站疗养院是现存少数保存完好的疗养院建筑之一。一面坡站疗养院始建于 1922 年，建筑整体砖木结构，古典主义风格，主体二层，四坡屋顶。建筑立面遵循古典主义中轴对称形式，横三纵五构图，壁柱、山花、托檐石、门窗券贴脸及墙体线脚装饰丰富。建筑平面呈 U 字形，采用中轴线对称式布局，一层、二层中央为公共空间，能够满足举办休闲娱乐活动对较大面积场地的需求，居住及辅助空间布置在两翼部分。疗养院设双入口，走廊平面同建筑平面一致呈 U 字形，两个入口均直对楼梯，可通过走廊分别直达建筑中央部位和两翼部分，避免了不同流线的交叉，减少两翼房间彼此干扰，同时也使得建筑内流线变短，交通更加便捷，空间紧凑感加强，这种流线方式不仅能够使病患获得更加安静的休养环境，也能够使更加便捷医护人员照顾患者。疗养院建筑走廊采用尽端式单廊，走廊单侧布置居住房间，使房间能够获得最大尺度空间的同时也满足对自然采光和通风的需求，提升来此疗养患者居住的舒适度，卫生间、盥洗室、储物室等辅助功能空间则设置在每层转角处。
（图 4.3-10）

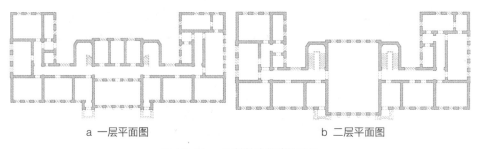

a 一层平面图　　　　　　　　　b 二层平面图

图 4.3-10　一面坡站疗养院平面图

4.3.2　学校建筑

中东铁路修筑期间，中东铁路工程局设立教务处负责管理相关教育事宜，在铁路沿线各地开办满足低龄儿童教育需求的小学学校，如 1898 年 10 月中东铁路工程局在哈尔滨香坊开办第一所铁路小学，1899 年 10 月中东铁路工程局在哈尔滨开办松花江小学。在此期间，中东铁路工程局为解决铁路职员子女及俄籍移民子女的教育场地问题，除统一设计并修建兼具宗教和教育双重功能的东正教堂建筑作为初等教育教学场所使用之外，还遵照通用标准设计图纸修建专门进行初等教育的学校建筑。

采用通用标准设计图纸修建的学校建筑按照可容纳学生数量、教室数量可分为两种类型，即面积 63.27 平方俄丈、拥有两间教室可容纳 60 名学生的学校建筑和面积 89.64 平方俄丈、拥有三间教室可容纳 90 名学生的学校建筑。两种学校建筑在建筑形态、空间平面组合方式、功能空间划分等方面保持着高度一致性，再次体现出中东铁路工业遗产建筑模块化设计理念。

学校建筑整体砖木结构，上托木结构屋架，多坡屋顶。建筑立面纵向由毛石基础、砖砌主体、檐部及屋面等部分构成，遵循着中东铁路工业遗产建筑常见的三横段构图理念；建筑立面装饰集中在山花、檐下、墙体四周转角等部位，使用砖砌落影或隅石、木质杆件加山花板等装饰元素，落影与隅石相连接，门窗贴脸使用常见的弧拱券，券顶合龙砖位置砌筑突出于券身的拱心石；屋面正脊处装饰有常见于车站站舍建筑的仿中式鸱吻造型；出入口设置木质双坡式门斗凸出于墙体，门斗山花处装饰同山花处杆件加山花板样式保持一致。（图 4.3-11）

学校建筑平面近似矩形，教室作为主要功能区域在建筑整体中面积占比最大，

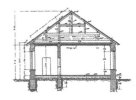

a 可容纳 60 名学生学校建筑设计图（63.27 平方俄丈）

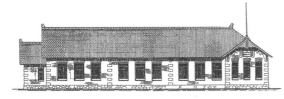

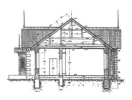

b 可容纳 90 名学生学校建筑设计图（89.64 平方俄丈）

图 4.3-11　中东铁路学校建筑设计图（立面、剖面）

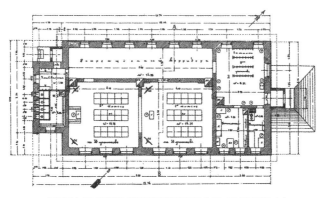

a 可容纳 60 名学生学校建筑设计图（63.27 平方俄丈）

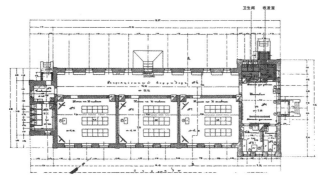

b 可容纳 90 名学生学校建筑设计图（89.64 平方俄丈）

图 4.3-12　中东铁路学校建筑设计图（平面）

在两种类型的学校建筑中占比分别高达50%和47%，每间教室可容纳30名学生，桌椅和讲台均标准化设置。学校建筑空间平面组合方式采用穿套式与走廊式相结合的方式，教室相邻排列在走廊一侧，不仅可以充分保障自然采光需求，也更便利于学生聚集和疏散，活动室、阅览室、教师休息室、办公室、衣帽间等房间则采用穿套式，使得各辅助功能房间彼此相连。面积为89.64平方俄丈的学校建筑拥有三间教室，因容纳学生数量增多而增设一间卫生间，同时在增设的卫生间旁加建一间收发室，以此保持平面形状的规整，其他房间布局位置均与拥有两间教室的学校建筑保持一致。收发室独立设出入口，避免影响学校正常教学期间的交通流线。学校建筑设置木质门斗，虽未在门斗后设置玄关，但门斗与学生活动室相连，同样起到双重过渡空间的效果，最大程度减弱冬季室外寒冷空气对室内的渗入，保持教室内部的温暖。学校外观建筑形态根据拥有教室数量多寡而增建纵深长度或开间数量，拥有三间教室的学校建筑在教室对面单廊中轴线位置增开一处出入口，以缓解因学生聚集或疏散可能发生的人流拥堵情况。(图 4.3-12)

　　根据原始规划，每所学校会配置有可容纳24名学生起居生活食宿一体的独立寝室建筑，以供寄宿学生使用。寝室建筑采用砖木结构，上托木结构屋架，多坡屋顶，屋面正脊、山花、檐下及四周转角等处装饰形式与学校建筑基本保持一致。(图 4.3-13) 建筑平面为不等臂十字形，长轴较长一端为公共餐厅、厨房、储藏室等生活辅助房间空间，较短一端为公共活动空间；短轴处于长轴的上部为学生寝室，等分为面积相等的两间寝室房间，每间可容纳12名学生起居，寝室内配置有标准床、桌椅。两间寝室分别设置独立出入口，墙体外部虽未设置门斗，但为避免冬季寒风直接进入学生寝室，出入口处内设有玄关作为室内外过渡空间，使室外冷空气不会直接对室内温度产生影响，对低龄的学生群体十分友好。同时，玄关又起到交通枢纽作用，将每间寝室及其配套卫浴空间、公共餐厅彼此相连接，实现了不同寝室出入相同区域流线独立彼此不干扰，这种空间平面组合方式充分考虑到男女学生各自隐私的安全和生活的便捷。(图 4.3-14)

　　1903年中东铁路全线通车以后，随着铁路沿线移民人口的不断增加，逐渐增长了对中等教育的实际需求，自1907年开始中东铁路管理局陆续在铁路沿线各地开办中等学校。相比较初等教育学校，中等教育学校招生人数更多、教学场所规模更大，如1907年中东铁路管理局开办的第一所中学——霍尔瓦特中学的学生规模一般保持在500名以上。其他干线或南支线如扎兰屯站、窑门站等部分二、三等级车站也先后设立中等教育学校。中东铁路工程局、管理局开展基础教育的同时也十分重视职业技术教育，力图为中东铁路运营及铁路沿线城市建设培养专业技术人才，如1906年中东铁路管理局开办哈尔滨商务学堂、1906年开

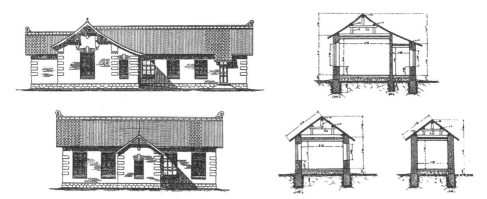

a 学校寝室建筑设计图（立面、剖面）

b 学校寝室建筑旧貌

图 4.3-13　中东铁路学校寝室建筑

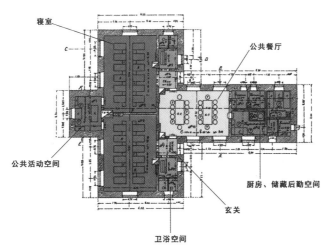

图 4.3-14　中东铁路学校寝室建筑平面图

a 窑门站一级中学校现状

b 哈尔滨商务学堂现状

c 满洲里工业技术学校旧貌

图 4.3-15　中东铁路中等学校和职业技术学校建筑

办哈尔滨华俄工业技术学校、1926 年开办满洲里工业技术学校等。由于在学生数量、教学模式、场地要求等方面有别于初等教育，中东铁路中等学校和职业技术学校在建筑形态和构造方面也呈现出自身特色。中等学校和职业技术学校建筑通常为二层结构建筑，如哈尔滨商务学堂和哈尔滨华俄工业技术学校等则采用建筑群组布局模式，修筑过程中普遍使用混凝土、钢材等更为先进的建筑材料，同时未采用标准设计图纸，而是受不同时期所流行建筑风格的影响，呈现出古典主义、折中主义及新艺术运动等不同的建筑风格。（图 4.3-15）

　　窑门站一级中学校位于今德惠市火车站北侧，建筑采用折中主义风格，平面呈不对称 U 字形，空间平面组合采取走廊式，走廊两侧房间呈鱼骨状排列，连通一、二层的楼梯设置在平面轴线偏左侧，经砖砌门斗通过走廊方可到达，设三跑楼梯连通半地下室及一层、二层空间。墙面大量采用水泥抹灰工艺进行装饰造型，檐部的托檐石、阳台栏杆和立柱、门窗贴脸及装饰线脚等采用欧洲古典式样符号元素。主入口上部墙体直接提升为女儿墙，左右两侧檐部线脚中断，强调了立面效果。砖砌门斗装饰与墙面保持基本一致，后期使用过程中拆除。（图 4.3-16）

　　哈尔滨商务学堂位于今哈尔滨市西大直街，是哈尔滨第一所中等专业学校。商务学堂分为男子商务学堂和女子商务学堂，整体由四栋建筑组成，主入口面向东侧今西大直街，男子学堂和女子学堂分别由教学楼和宿舍楼两栋建筑构成，呈

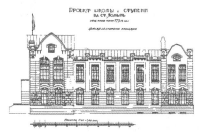

图 4.3-16　窑门站一级中学校设计图

中轴对称式分布，教学楼、宿舍楼各自建筑形态和构成完全一致。（图 4.3-17）教学楼和宿舍楼均采用典型新艺术运动风格，建筑屋面、檐口构件、墙体、壁柱、门窗贴脸等部位通过水泥抹灰工艺塑造典型新艺术运动风格的装饰符号，尤其是点缀在窗楣上部的草叶和花卉等植物图案更是极大地丰富了建筑立面。檐部间断性的托檐板挑出不深，虽然已不具备实质性承托作用，但是木结构外部包裹铁皮的托檐板丰富了光影变化层次，装饰性极强。（图 4.3-18）教学楼平面呈

a   b   c

图 4.3-17　哈尔滨商务学堂旧貌

a   b   c

d   e   f

图 4.3-18　哈尔滨商务学堂局部

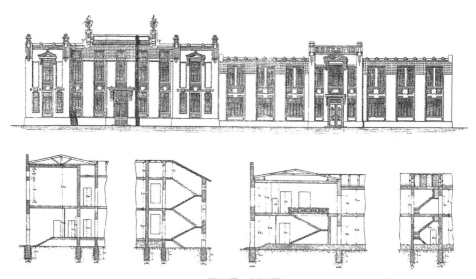

a 平面图、剖面图

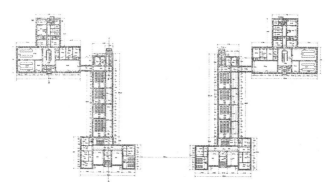

b 一层平面图

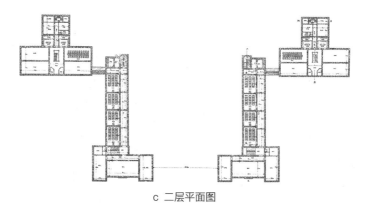

c 二层平面图

图 4.3-19　哈尔滨商务学堂设计图

L 形，空间平面组合方式采用单廊式，教室布置在南向一侧，避免因临街路产生噪音的可能性，同时可以确保教室获得充足的自然采光和通风，教学楼后侧另设四跑楼梯便于学生疏散。宿舍楼建筑平面呈 T 字形，由连廊与教学楼相连，楼梯位于 T 字形中间位置，以楼梯和其所在中厅为中心分布寝室、餐厅、厨房、卫生间、办公室等不同功能用房。（图 4.3-19）

中东铁路哈尔滨华俄工业技术学校位于今哈尔滨市大直街，整体由教学楼、实习工厂和宿舍楼三栋彼此独立的单体建筑组成，布局采用非对称式，近似"品"字形布局，建筑间隔地带进行内部道路和绿化处理。（图 4.3-20）教学楼、实习工厂和宿舍楼建筑均采用典型新艺术运动风格，在建筑屋面、墙面、女儿墙、檐部、门窗贴脸、壁柱、出入口及台阶、雨篷、门廊及栏杆等处理方式上大量运用抽象曲线表现形式，水泥抹灰工艺大量应用在各种抽象曲线造型及线脚造型的塑造方面。（图 4.3-21）教学楼、实习工厂和宿舍楼建筑立面采用典型分段

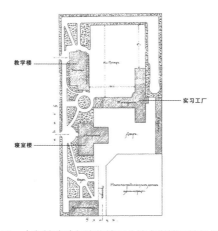

图 4.3-20　中东铁路哈尔滨华俄工业技术学校原始规划平面图

a　教学楼旧貌

b　宿舍楼旧貌

图 4.3-21　中东铁路哈尔滨华俄工业技术学校旧貌

图 4.3-22　教学楼主入口现状

处理，墙面装饰简洁利落，主出入口成为整个建筑立面构图的中心，曲线装饰造型也最具特色。以教学楼建筑主出入口为例，采用封闭式门廊，由半椭圆形合围一门二窗，二窗的设计可以充分保证门廊内获得充足自然采光；两侧壁柱装饰自檐下垂落且呈弧度状，突出于门廊主体，同时壁柱与入口台阶处的栏板相融合，自然过渡成为栏板的起始处，栏板成弧状下落曲线延展，在中部转折点向上反弧上升至栏板端部，端部以石雕装饰台阶栏板。（图 4.3-22）教学楼建筑平面近似矩形，两层总面积 259.55 平方俄丈，一层采用走廊式空间平面组合方式，走廊两侧分别布置教室、办公室、图书室等不同功能房间，二层则采用穿套式空间平面组合方式，教室、绘图室、办公室、教具室等功能空间相互连通。考虑到学生聚集和疏散情况，教学楼后侧设置四跑疏散楼梯，可从底层直达楼顶。宿舍楼建筑平面呈不对称 T 字形，两层面积共 301.27 平方俄丈，一、二层空间平面组合方式均采用穿套式，方便各功能房间布局。宿舍楼一层为公共餐厅、更衣室、厨房、储藏室、锅炉房及工作人员用房等生活辅助空间，二层包括学生寝室、卫浴等主要功能空间。穿套式在节省交通空间的同时也具有较强的流动性，但是不可避免会产生空间流线的交叉。由于建筑平面采用非对称式，连通一层、二层的楼梯也并未设置在平面中轴线处，为了强调楼梯及其所在中厅的突出性，中厅不仅面积达到近 30 平方俄丈，而且净高也达约 4.3 米，可以说中厅在统领整个一层空间的同时也强调了其在整个建筑平面的中心位置；二层对应位置同样保持大面积及高净高的空间形态，进一步强调了中心性。宿舍楼主出入口外部未设置门斗等附加空间，而是在室内设置门厅作为过渡空间，以起到冬季防寒的实际效果。实习工厂建筑平面为不等臂十字形，单层砖木结构，人字形屋架，十字形三个长边空间内部不设分割用承重墙，建筑整体净高约 4 至 5 米间，符合工业厂房类建筑对大空间的要求。实习工厂主入口设置在十字形交叉处位置，出入口在室内设置大尺度门厅，面积达近 20 平方俄丈，以门厅作为中心与十字形各臂内设置的锻造车间、钳工车间、办公室、机房、卫生间等功能空间通过小尺度过厅相连通。（图 4.3-23）

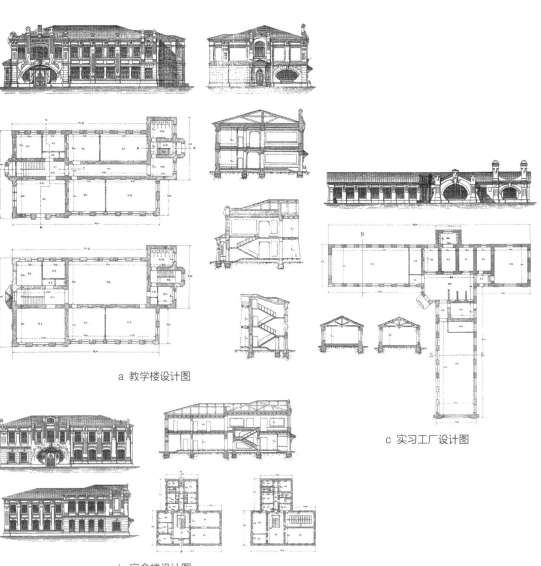

a 教学楼设计图

c 实习工厂设计图

b 宿舍楼设计图

图 4.3-23 中东铁路哈尔滨华俄工业技术学校设计图

4.4 生活辅助设施建筑

4.4.1 浴房及洗衣房建筑

浴房建筑不仅是提供个人洗浴服务、确保生活卫生需求的公众场所，也是当时重要的日常社交场所。中东铁路干线和南支线沿线各等级车站都曾修建有规模不等的浴房建筑，以此满足中东铁路职工群体日常卫生及社交需求。

中东铁路时期，根据车站等级、铁路用地规模、居住人群数量等方面差异，各站所修建的浴房建筑采取不同的标准设计图纸。经实地调研发现，中东铁路浴房建筑主体通常采用砖材或石材砌筑。由于石材较砖材或木材具有更好的耐潮性

a 绥芬河站浴房旧貌（干线二等站）

b 横道河子站浴房（干线三等站）

c 青岭子站浴房（干线四等站）

d 道林站浴房（干线四等站）

e 红房子站浴房（干线五等站）

f 姜家站浴房（干线会让站）

g 达家沟站浴房（南支线会让站）

h 哈拉哈站浴房（南支线会让站）

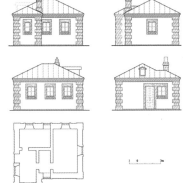

i 哈拉哈站浴房实测图

图 4.4-1 中东铁路浴房建筑

能和耐水性能，出于浴房建筑保温、防水和防潮等方面的实际功能要求，浴房建筑墙体普遍采用在砖墙中间部位填充石材的填芯式方法砌筑，同时外墙体也会因此形成虎皮石效果，增加了建筑整体的装饰性。出于美观考虑，填充石材会与墙面持平，并且在建筑四周转角、门窗套等部位将石材与砖材相互拼接，形成马牙齿或锯齿形的隅石或门窗套装饰。浴房建筑采用内宽外窄的高窗，窗洞较小，既能有效保温，又能保证浴房使用者的隐私安全。浴房屋面采用四坡或多坡复合式屋顶，屋面铺装瓦楞铁皮，屋面开设用于透气通风的老虎窗。（图 4.4-1）

经实地调研发现，中东铁路浴房建筑在后期使用过程中原有洗浴设备均被拆除，室内使用隔墙重新分割或拆除原有隔墙后改做他用，不再具备浴房原始功能。根据原始设计图纸仍可分析中东铁路浴房建筑在功能分区布局和空间平面组合方式方面的特征。中东铁路浴房建筑依据面积不同分为 8.53 平方俄丈、22.86 平方俄丈、40.77 平方俄丈、62.15 平方俄丈、77.98 平方俄丈[1]等 5 种类型，遵循模块化的标准设计理念，不同类型的浴房建筑形态与构成存在相似性。其中，面积 40.77 平方俄丈、62.15 平方俄丈和 77.98 平方俄丈的 3 三种浴房建筑平面采用基本相同的功能分区布局和空间平面组合方式，外观建筑形态则根据面积大小而增建纵深长度和开间数量。

中东铁路浴房建筑不论面积大小，为保障使用者的舒适度，室内均进行干湿分区，划分出洗浴空间和服务空间。蒸桑拿是俄罗斯民族传统洗浴方式，无论浴房建筑面积多寡都会设置桑拿室，因此桑拿室是浴房建筑必不可少的功能房间。根据原始设计图纸分析，面积 8.53 平方俄丈的浴房建筑可供 8 人同时洗浴，除玄关外，室内划分为由更衣室、淋浴室、桑拿室组成的洗浴空间和由锅炉房、洗衣房组成的服务空间。更衣室、淋浴室、桑拿室环绕锅炉房串联分布，采用穿套式空间平面组合方式，使用者从出入口进入更衣室后依次过渡到淋浴室、桑拿室，洗浴结束后再折返回更衣室；洗衣房单独开设入口，不干扰洗浴空间交通动线。（图 4.4-2）随着浴房面积增加，功能分区布局和空间平面

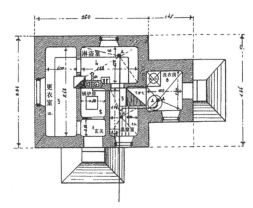

图 4.4-2　中东铁路浴房平面设计图（8.53 平方俄丈）

[1]　1 平方俄丈≈4.554 平方米。

组合方式也相应产生变化。一方面，洗浴空间和服务空间各自面积相应增加的同时功能房间划分越加细致，如洗浴空间会增加配置浴缸的浴室、洗手间等功能房间，服务空间会增加收银台、休息室等功能房间。另一方面，浴房内部划分出高级职工和普通职工分别使用的浴区，其中面积 40.77 平方俄丈、62.15 平方俄丈、77.98 平方俄丈的浴房中高级职工洗浴区还会进行男女分区。除建筑面积 22.86 平方俄丈的浴房外，其他浴房建筑内的高级职工浴区与普通职工浴区分别采用不同空间平面组合方式。面积 22.86 平方俄丈的浴房高级职员浴区和普通职员浴区共用一个出入口及玄关，限于面积原因均采取穿套式的空间平面组合方式。面积 40.77 平方俄丈、62.15 平方俄丈及 77.98 平方俄丈的浴房建筑内高级职员浴区和普通职员浴区均设置独立出入口及玄关。高级职员洗浴区采取走廊式空间平面组合方式，一方面增强干湿分区实际效果，洗手间处于湿区，有直接对外的窗口确保自然通风和采光，同时考虑到气味、视觉等因素，卫生间位置避让主交通流线，但也不可避免流线过长；另一方面利用狭长的走廊实现高级职员浴区内不同功能房间的合理分布。普通职员浴区仅保留淋浴室、更衣室、桑拿室等功能房间，采用穿套式空间平面组合方式，虽然限于面积因素洗手间设置在玄关旁，但是能够在避免流线过长的同时也顾及卫生间气味和视线影响。（图 4.4-3）（表 4.4-1）

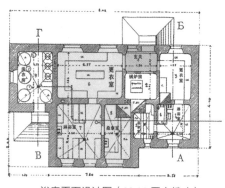

a 浴房平面设计图（22.86 平方俄丈）

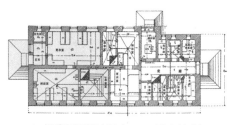

b 浴房平面设计图（40.77 平方俄丈）

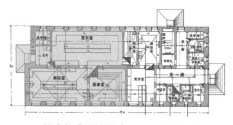

c 浴房标准设计图（62.15 平方俄丈）

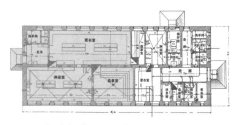

d 浴房标准设计图（77.98 平方俄丈）

图 4.4-3　中东铁路浴房平面设计图（阴影区域为普通职员洗浴区）

根据原始设计图纸可知，浴房中淋浴室配置冷热水淋浴喷头及洗手盆，浴室地面、蒸汽房地面均开设排水口，排水口周边设计排水坡度便于洗浴时产生的废水流入排水口，排水口处有格栅状金属盖板能够有效防止异物进入由陶瓷管道连接的沉淀井内，废水通过地下管道经沉淀井沉淀后再排到室外，沉淀井呈圆柱体状，使用砖材与水泥砌筑，具体深度及体积视浴房修建地块冻土层厚度而定。（图4.4-4）浴房除锅炉房、门厅、售票室、办公室等房间地面铺设地板之外，其他与洗浴功能相关的房间地面多会浇筑水泥地面以保障良好的耐水性。浴房建筑采用和居住建筑相同的取暖方式，由壁炉、烟道及烟囱等构成完整的供暖系统，确保浴室、蒸汽室等房间拥有适宜的温度。由于浴房建筑需要供暖面积较大，因此壁炉体量也相应较大，根据原始资料可知浴房建筑使用壁炉体量最大者可达到20.5俄寸 ×21俄寸 ×68俄寸[1]。（图4.4-5）

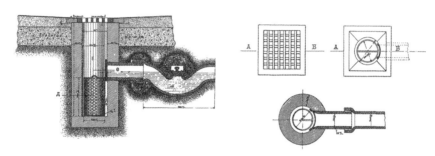

图 4.4-4　中东铁路浴房排水系统剖面设计图

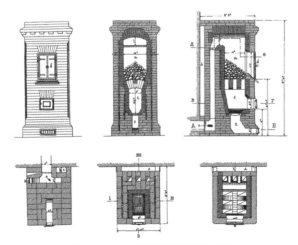

图 4.4-5　中东铁路浴房壁炉设计图

[1] 1俄寸≈4.4厘米。

图 4.4-6 横道河子站浴房及洗衣房建筑旧貌

洗衣房是浴房建筑重要的配套设施。面积 8.53 平方俄丈、22.86 平方俄丈的浴房建筑内部设置洗衣房功能空间，出于结污分区考虑，洗衣房单独设置出入口。面积 40.77 平方俄丈及以上的其他 3 种类型浴房建筑，不在建筑内部设置洗衣房功能空间，而是在浴房旁修建与其相邻的独立洗衣房建筑。（图 4.4-6）

洗衣房主要用于清洗被服、衣物等，建筑结构相对简单，建筑平面为矩形，室内不设隔墙，沿内墙四周安放铜质洗衣用锅炉及洗涤盆等洗衣设备。（图 4.4-7）经实地调研可知，中东铁路洗衣房建筑主体通常使用纯砖材砌筑，以青砖作为主要建筑材料。相对于中东铁路建筑较为普遍使用的红砖砖材，青砖具有更优的抗氧化、抗水化和抗风化性能，能够替代石材满足洗衣房对建材防潮、耐水性的功能需求。（图 4.4-8）洗衣房建筑在后期使用过程中逐渐失去原始功能，室内洗衣设备拆除后会增建隔墙改做住宅使用。（图 4.4-9）

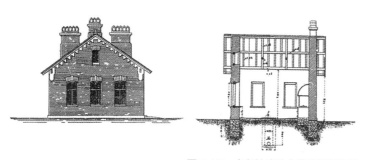
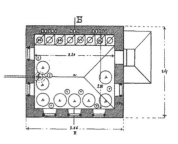

图 4.4-7　中东铁路洗衣房建筑设计图

a　　　　　　　　　　b　　　　　　　　　　c

图 4.4-8　一间堡站洗衣房建筑现状

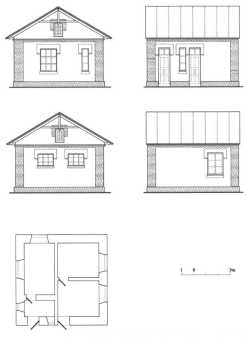

图 4.4-9　一间堡站洗衣房建筑实测图（立面、平面）

表 4.4-1　中东铁路浴房建筑基本信息统计表

建筑面积 （平方俄丈）	空间平面组合方式		浴区分区／容纳人数		独立洗衣房建筑
	穿套式	走廊式	高级职工浴区	普通职工浴区	
8.53	√	×	0	8	×
22.86	√	×	5	17	×
40.77	√	√	6	21	√
62.15	√	√	8	35	√
77.98	√	√	9	48	√

4.4.2　冰窖及煤油仓库建筑

中国东北地区四季分明，夏季高温干燥，不仅容易导致食品腐败无法食用，高温酷暑也会造成人员中暑，因此冰窖成为储藏易腐食品和时令蔬果的最佳场所，同时冰窖也能够存储大量冰块在夏季消暑降温使用。东北地区传统冰窖一般为地下或半地下结构，选择地势较高、土质坚实的地方修建，根据外部砌筑材料可分为砖（石）窖和土窖两种。在 19 世纪末至 20 世纪初中东铁路修筑过程与铁路运营初期，东北地区尚未出现火力发电业，冰窖建筑成为当时中东铁路用地内重要的生产生活辅助设施建筑。冰窖建筑内贮藏的冰块不仅可以用于夏季消暑降温，而且可利用冰块融化时吸热的原理吸收所贮藏水果蔬菜等食物的潜热，降低冰窖内部温度，达到低温保鲜的效果。冰块融化后产生的水沿排水渠导流至室外蓄水池内，融水也可保障冰窖内部湿度达到保持食物水分的效果。

中东铁路时期修建的冰窖建筑根据具体用途不同主要可分为两种，一种是车站站区内用于铁路客户运输使用的冰窖建筑，一种是住宅区域内供居民日常使用的冰窖建筑。两者在建筑结构形式方面存在较为明显差异，前者为覆土式冰窖，后者为非覆土式冰窖。（图 4.4-10）

a 庙台子站冰窖现状	b 窑门站冰窖建筑现状	c 横道河子站冰窖建筑现状
（地上覆土式冰窖）	（地下式冰窖）	（地下式冰窖）

图 4.4-10　中东铁路冰窖建筑

覆土式冰窖与非覆土式冰窖均采用拱券式半地下建筑结构，平面呈矩形。土壤温度相对于大气温度更为稳定，半地下式结构可以大幅度降低外界热量输入，达到冰窖保温的效果。覆土式冰窖地上部分由地上门斗、储藏室构成，通过台阶至地下储藏室。覆土式冰窖地上主体由砖材砌筑，砖材隔热效果相较于石材较差，因此冰窖地上部分覆土以增强隔热、保湿的效果，拱券顶部通常会使用钢轨以增加荷载。门斗作为冰窖室内外缓冲区域，可以避免室内外温差对储藏室内温度的过多影响。地下储藏室四周墙体由石块砌筑，石材相对于砖材具有更好的耐水性，地下储藏室底部开凿有与冰窖外部渗水井相连通的排水槽，槽沟底铺垫碎石等，冰块融水经排水槽排入冰窖外渗水井，渗水井与冰窖保持一定距离，井深低于窖内排水沟，便于排水顺畅。（图 4.4-11）非覆土式冰窖地上部分主体由石材砌筑，不再设置门斗，前端与后端均设有高于本体的山墙面，拱形墙体两侧有石砌扶壁以抵抗拱券侧推力，增加冰窖整体稳固性；地下储藏室结构与覆土式冰窖地下储藏室采取相同构造。

覆土式冰窖与非覆土式冰窖由于其拱券式结构，需要耗费相对多的人力、物

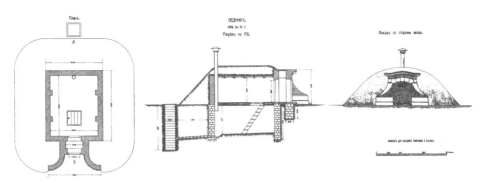

图 4.4-11　地上覆土式冰窖设计图（俄罗斯莫斯科铁路）

力，建造成本较高、工期较长。因此，中东铁路修筑期间，多数冰窖建筑舍弃了石砌拱形结构，但保留了半地下建筑形态，地下储藏室结构原理与覆土式冰窖或非覆土式冰窖相同。为增强冰窖隔热、保湿效果，通常会在地上建筑基础部分堆积较高锥形土坡，同时会设置连通地下储藏室和屋面外部的烟囱，以增加地下储藏室空气流通、排出热量和潮湿气体。（图 4.4-12）

　　实地调研中发现，现存中东铁路时期修建的冰窖建筑自 20 世纪三四十年代

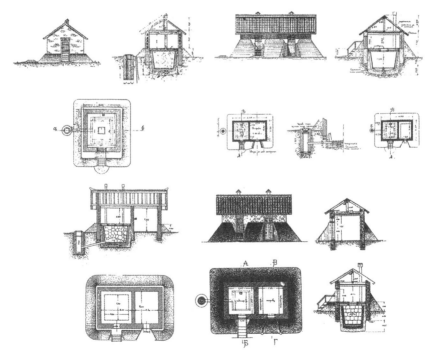

图 4.4-12　中东铁路冰窖建筑设计图

开始已经逐渐失去原有功能，由于后期使用者生活习惯的差异，冰窖建筑转化使用功能作为普通仓库或住宅，原冰窖内地下储藏室、排水沟、储水池等均被填平。

在 19 世纪末至 20 世纪初中东铁路修筑过程中，东北地区尚未出现火力发电业，室内照明主要依靠各类煤油灯具或蜡烛，煤油作为当时重要的生产资料也是生活必需品。因此，煤油仓库也成为当时中东铁路用地内重要的生活辅助设施建筑。煤油仓库由于储藏物品的特殊性，对避光和室内恒温都有较为严格的要求，采用半土窖建筑形式，建筑平面呈矩形，剖面呈拱券样式，顶部覆土以增强隔热、保湿的效果。仓库内禁止使用明火照明，因此在两端开设窗户外开的狭窗，需要采光时从仓库外侧打开窗户使自然光透入室内。仓库中部设置连通室外的烟囱用以空气流通、排出热量和潮湿气体，确保仓库内部恒温。（图 4.4-13）

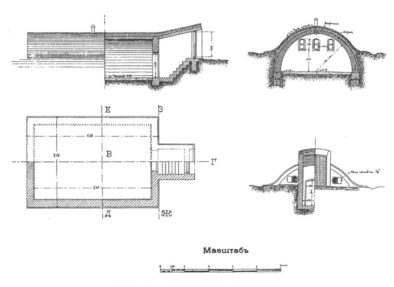

图 4.4-13　中东铁路煤油仓库设计图

4.4.3　公共厕所建筑

厕所作为重要的日常生活辅助建筑，在中东铁路时期主要分为居住建筑附属室外厕所及车站附属室外公共厕所，作为典型公共生活辅助建筑与居住建筑附属室外厕所在建筑结构、建筑材料和建筑形态等方面存在明显区别。如本书"居住建筑"形态与构成一章所述，居住建筑附属室外厕所通常建筑结构和建筑形态较为简单，采用木质结构、单坡屋顶、不区分男女厕，内部无供暖设施。

车站附属室外公共厕所建筑使用者包括站内工作人员及往来旅客，因此区分男女厕。从整体建筑形态来看，建筑立面由中间主体部分和两侧辅助部分组成，建筑主体部分举架明显高于两侧，两侧辅助山墙处设置突出于墙体的门斗，作为男女厕出入口，不仅起到防寒效果，还可以起到遮蔽视线保护隐私的作用；厕所内部使用隔墙区别男女厕，隔墙位置设置壁炉供暖。（图 4.4-14）

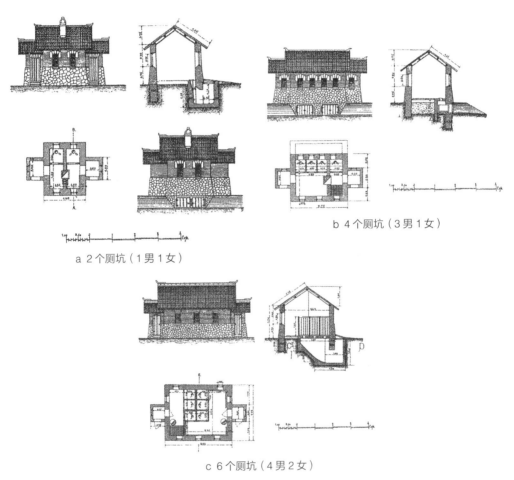

b 4 个厕坑（3 男 1 女）

a 2 个厕坑（1 男 1 女）

c 6 个厕坑（4 男 2 女）

图 4.4-14　中东铁路车站附属室外公共厕所建筑设计图

车站附属室外公共厕所采用砖石木结构，建筑主体使用砖材砌筑，门窗洞口依旧使用砖材砌筑券拱贴脸增加装饰效果，基础使用石材砌筑，勒脚相较于居住建筑等中东铁路工业遗产建筑类型要高很多，其中车站附属室外公共厕所的石砌勒脚通常会延伸至狭长矩形窗窗台处，勒脚多数使用虎皮石的方式形成一种乱石拼贴效果，以增加建筑的装饰性。厕所建筑属于典型旱厕，厕坑底部设有化粪池，屋面开设通风烟囱利于排风。（图4.4-15）车站附属室外公共厕所建筑虽然使用标准化图纸修建，但是在实际修建过程中厕所建筑的局部构件或装饰细节会有所差别，如部分厕所建筑立面会增加标准图纸中没有的隅石装饰，门窗洞口券拱样式和砌筑方法也较为多样。（图4.4-16）

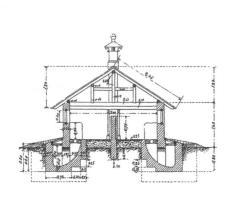
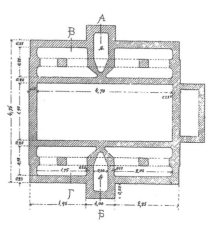

图4.4-15　中东铁路公共厕所建筑剖面图、化粪池平面图

a 博克图站厕所旧貌　　　　　b 扎赉诺尔站厕所现状　　　　　c 宋站厕所现状

图4.4-16　中东铁路车站附属室外公共厕所建筑

图片来源

1. 中东铁路与中东铁路工业遗产

1.1 中东铁路修筑及权属变迁概述

图 1.1-1　原载于哈尔滨铁路局《中国长春铁路资料汇编》(中国铁道出版社,1988 年)。

2. 铁路运营设施建筑形态与构成

2.1 车站站舍建筑

图 2.1-1a、图 2.1-1b、图 2.1-1c、图 2.1-12、图 2.1-17f、图 2.1-17g、图 2.1-17h、图 2.1-19a、图 2.1-21,原载于《中东铁路全线画册 (俄文·法文·英文) 》(1910 年)。

图 2.1-1d,作者收藏。

图 2.1-1e、图 2.1-3c、图 2.1-6h、图 2.1-17e、图 2.1-19b、图 2.1-19c,原载于武国庆《建筑艺术长廊—中东铁路老建筑寻踪》(黑龙江人民出版社,2008 年)。

图 2.1-1f、图 2.1-3g、图 2.1-3h、图 2.1-3i、图 2.1-3j、图 2.1-16、图 2.1-19d、图 2.1-19e、图 2.1-20、图 2.1-22a、图 2.1-22b、图 2.1-22c、图 2.1-22d、图 2.1-22e、图 2.1-22f,作者自摄。

图 2.1-2、图 2.1-4、图 2.1-5、图 2.1-7、图 2.1-8、图 2.1-10、图 2.1-11、图 2.1-13、图 2.1-15、图 2.1-17a、图 2.1-17b、图 2.1-17c、图 2.1-17d,原载于《中东铁路结构与标准图册 1897-1903》(1904 年)。

图 2.1-18、图 2.1-22g、图 2.1-22h,作者自绘。

其他图片,原载于黑龙江省博物馆《中东铁路大画册》(黑龙江人民出版社,2013 年)。

2.2 机车库及机车修理库建筑

图 2.2-1e、图 2.2-3a、图 2.2-3b、图 2.2-3c、图 2.2-3d,原载于《中东铁路全线画册 (俄文·法文·英文) 》(1910 年)。

图 2.2-2、图 2.2-4、图 2.2-6、图 2.2-8、图 2.2-11、图 2.2-12、图 2.2-14、图 2.2-17、图 2.2-19、图 2.2-20、图 2.2-22，原载于《中东铁路结构与标准图册1897-1903》(1904 年)。

图 2.2-3e，作者收藏。

图 2.2-5b、图 2.2-5c、图 2.2-7、图 2.2-9、图 2.2-10、图 2.2-13a、图 2.2-13c、图 2.2-13d、图 2.2-13e、图 2.2-15c、图 2.2-18、图 2.2-21，作者自摄。

图 2.2-5d，原载于刘大平、卞秉利《中东铁路沿线近代城镇规划与建筑形态研究》(哈尔滨工业大学出版社，2018 年)。

图 2.2-15d，原载王珍珍、盖立新、魏笑雨《黑龙江省中东铁路沿线历史建筑图录》(黑龙江教育出版社，2012 年)。

图 2.2-16，作者自绘。

图 2.2-23，作者改绘。

其他图片，原载于黑龙江省博物馆《中东铁路大画册》(黑龙江人民出版社，2013 年)。

2.3 给水设施建筑

图 2.3-1、图 2.3-2、图 2.3-4、图 2.3-7、图 2.3-8、图 2.3-9、图 2.3-12、图 2.3-13、图 2.3-14、图 2.3-15、图 2.3-18，原载于《中东铁路结构与标准图册1897-1903》(1904 年)。

图 2.3-3、图 2.3-6a、图 2.3-6b、图 2.3-11a、图 2.3-16a、图 2.3-16b、图 2.3-19a、图 2.3-19b，原载于黑龙江省博物馆《中东铁路大画册》(黑龙江人民出版社，2013 年)。

图 2.3-6f，原载王珍珍、盖立新、魏笑雨《黑龙江省中东铁路沿线历史建筑图录》(黑龙江教育出版社，2012 年)。

图 2.3-17，作者改绘。

其他图片，作者自摄。

2.4 桥梁及涵隧建筑

图 2.4-1、图 2.4-3、图 2.4-7、图 2.4-10、图 2.4-12、图 2.4-13a、图 2.4-17、图 2.4-18、图 2.4-19、图 2.4-21、图 2.4-23、图 2.4-25、图 2.4-27、图 2.4-30a，原载于《中东铁路结构与标准图册 1897-1903》(1904 年)。

图 2.4-2c、图 2.4-2d、图 2.4-4d、图 2.4-4e、图 2.4-4f、图 2.4-8b、图 2.4-11、图 2.4-15、图 2.4-22、图 2.4-26、图 2.4-30d，作者自摄。

图 2.4-6a、图 2.4-6b、图 2.4-8a、图 2.4-13b、图 2.4-14a，原载于《中东铁路全线画册（俄文·法文·英文）》（1910 年）。

图 2.4-6c、图 2.4-6d、图 2.4-14b，原载于武国庆《建筑艺术长廊—中东铁路老建筑寻踪》（黑龙江人民出版社，2008 年）。

其他图片，原载于黑龙江省博物馆《中东铁路大画册》（黑龙江人民出版社，2013 年）。

3. 居住建筑形态与构成

3.1 独户型住宅建筑

图 3.1-1、图 3.1-3a，原载于《1910 年中东铁路全线画册（俄文·法文·英文）》。

图 3.1-2、图 3.1-4、图 3.1-11、图 3.1-12、图 3.1-17，原载于《中东铁路结构与标准图册 1897-1903》。

图 3.1-5e、图 3.1-5f、图 3.1-6、图 3.1-8a、图 3.1-8b、图 3.1-9、图 3.1-15、图 3.1-16，作者自摄。

图 3.1-7、图 3.1-13、图 3.1-14，原载《满洲建筑协会杂志》1928 年第 8 卷第 6 号。

图 3.1-8c、图 3.1-8d、图 3.1-10，作者自绘。

其他图片，原载于黑龙江省博物馆《中东铁路大画册》（黑龙江人民出版社，2013 年）。

3.2 联户型住宅建筑

图 3.2-1d、图 3.2-1e、图 3.2-1f、图 3.2-1g、图 3.2-1h、图 3.2-1i、图 3.2-1j、图 3.2-10、图 3.2-11、图 3.2-16b，作者自摄。

图 3.2-2、图 3.2-3、图 3.2-4、图 3.2-6、图 3.2-8、图 3.2-9，原载于《中东铁路结构与标准图册 1897-1903》。

图 3.2-5、图 3.2-7、图 3.2-12、图 3.2-13，作者自绘。

图 3.2-14、图 3.2-15、图 3.2-16a、图 3.2-16c、图 3.2-16d、图 3.2-16e、图 3.2-17，原载《满洲建筑协会杂志》1928 年第 8 卷第 6 号。

其他图片，原载于黑龙江省博物馆《中东铁路大画册》（黑龙江人民出版社，2013 年）。

3.3 集合型住宅建筑

图 3.3-1，原载于黑龙江省博物馆《中东铁路大画册》（黑龙江人民出版社，2013 年）。

图 3.3-2、图 3.3-3、图 3.3-4、图 3.3-5、图 3.3-6、图 3.3-7，原载于《中东铁路结构与标准图册 1897-1903》。

3.4 居住建筑的防寒、保温及取暖

图 3.4-1、图 3.4-2a、图 3.4-2c、图 3.4-4、图 3.4-6、图 3.4-8、图 3.4-12、图 3.4-13，原载于《中东铁路结构与标准图册 1897-1903》。

图 3.4-2b、图 3.4-2d、图 3.4-11、图 3.4-15、图 3.4-16b，作者自摄。

图 3.4-3、图 3.4-7、图 3.4-9，原载王新英、张书铭《吉林省中东铁路建筑研究》（吉林文史出版社，2016 年）。

图 3.4-5、图 3.4-10、图 3.4-14、图 3.4-16a，作者自绘。

图 3.4-17，原载《满洲建筑协会杂志》1928 年第 8 卷第 6 号。

4. 公共服务设施建筑形态与构成

4.1 东正教堂建筑

图 4.1-1、图 4.1-4，作者改绘。

图 4.1-2、图 4.1-12a、图 4.1-13a，原载于《中东铁路全线画册（俄文·法文·英文）》（1910 年）。

图 4.1-3，原载于《中东铁路结构与标准图册 1897-1903》（1904 年）。

图 4.1-7、图 4.1-9d、图 4.1-10e、图 4.1-11、图 4.1-12c、图 4。1-15，作者自摄。

图 4.1-8b、图 4.1-13c，原载于刘大平、卞秉利、李琦《中东铁路建筑文化遗产》（哈尔滨工业大学出版社，2020 年）。

图 4.1-10d，原载于武国庆《建筑艺术长廊—中东铁路老建筑寻踪》（黑龙江人民出版社，2008 年）。

图 4.1-12b，王孝华提供。

图 4.1-13b，杨宇提供。

图 4.1-14，作者自绘。

其他图片，原载于黑龙江省博物馆《中东铁路大画册》（黑龙江人民出版社，

2013年）。

4.2 俱乐部建筑

图4.2-1、图4.2-4、图4.2-5b、图4.2-11、图4.2-13、图4.2-17b、图4.2-18、图4.2-19，作者自摄。

图4.2-2、图4.2-3、图4.2-5a、图4.2-6、图4.2-7、图4.2-17a，原载于武国庆《建筑艺术长廊—中东铁路老建筑寻踪》（黑龙江人民出版社，2008年）。

图4.2-8、图4.2-9、图4.2-10、图4.2-12、图4.2-15、图4.2-16，作者自绘。

图4.2-14，作者收藏。

4.3 医疗教育建筑

图4.3-1a，原载于《中东铁路全线画册（俄文·法文·英文）》（1910年）。

图4.3-2、图4.3-3、图4.3-5、图4.3-6、图4.3-11、图4.3-12、图4.3-13a、图4.3-14、图4.3-9、图4.3-15c、图4.3-16、图4.3-17、图4.3-21，原载于武国庆《建筑艺术长廊—中东铁路老建筑寻踪》（黑龙江人民出版社，2008年）。

图4.3-10，作者自绘。

图4.3-15a、图4.3-15b、图4.3-18、图4.3-22，作者自摄。

图4.3-19、图4.3-20、图4.3-23，原载于《中东铁路结构与标准图册1897-1903》（1904年）。

其他图片，原载于黑龙江省博物馆《中东铁路大画册》（黑龙江人民出版社，2013年）。

4.4 生活辅助设施建筑

图4.4-1a、图4.4-6、图4-4-16a，原载于黑龙江省博物馆《中东铁路大画册》（黑龙江人民出版社，2013年）。

图4.4-1g、图4.4-1h、图4.4-8、图4.4-10b，作者自摄。

图4.4-1i、图4.4-9，作者自绘。

图4.4-2、图4.4-3、图4.4-4、图4.4-5、图4.4-7、图4.4-12、图4.4-13、图4.4-14、图4.4-15，原载于《中东铁路结构与标准图册1897—1903》（1904年）。

图4.4-10a、图4.4-10c，原载于刘大平、王岩《中东铁路历史建筑构筑形态与技术》（哈尔滨工业大学出版社，2018年）。

图4.4-11，原载于王新英、张书铭《吉林省中东铁路建筑研究》（吉林文史出

版社，2016 年）。

其他图片，原载于刘大平、卞秉利、李琦《中东铁路建筑文化遗产》（哈尔滨工业大学出版社，2020 年）。

参考文献

［1］宓汝成.中国近代铁路史资料［M］.北京：中华书局，1963.

［2］金士宣、徐文述.中国铁路发展史：1876—1949［M］.北京：中国铁道出版社，1986.

［3］郑长椿.中东铁路历史编年（1895—1952）[M］.哈尔滨：黑龙江人民出版社，1987.

［4］哈尔滨铁路局.中国长春铁路资料汇编［M］.北京：中国铁道出版社，1988.

［5］黑龙江省地方志编纂委员会.黑龙江省志（第18卷）铁路志［M］.哈尔滨：黑龙江人民出版社，1992.

［6］王季平、张文山、吉林省地方志编纂委员会.吉林省志（卷26）交通志铁道［M］.长春：吉林文史出版社，1994.

［7］刘汉涛、辽宁省地方志编纂委员会办公室.辽宁省志·铁道志［M］.北京：中国铁道出版社，2000.

［8］张松.城市文化遗产保护国际宪章与国内法规选编［M］.上海：同济大学出版社，2007.

［9］[俄]克拉金、李述笑等.哈尔滨——俄罗斯人心目中的理想城市［M］.哈尔滨：哈尔滨出版社，2007.

［10］程维荣.近代东北铁路附属地［M］.上海：上海社会科学院出版社，2008.

［11］武国庆.建筑艺术长廊——中东铁路老建筑寻踪［M］.哈尔滨：黑龙江人民出版社，2008.

［12］王珍珍、盖立新、魏笑雨.黑龙江省中东铁路沿线历史建筑图录［M］.哈尔滨：黑龙江教育出版社，2012.

［13］黑龙江省博物馆.中东铁路大画册［M］.哈尔滨：黑龙江人民出版社，2013.

［14］长春市文物保护研究所.中东铁路支线长春段调查报告［M］.长春：吉林文史出版社，2013.

［15］隽成军、田永兵.中东铁路支线四平段调查与研究［M］.长春：吉林文

史出版社，2013.

[16] 吴文衔、张秀兰. 早期中东铁路简史 [M]. 哈尔滨：黑龙江人民出版社，2014.

[17] 王新英、张书铭. 吉林省中东铁路建筑研究道 [M]. 长春：吉林文史出版社，2016.

[18] 王新英、邬巍. 风雪中东路—南支线铁路建筑寻踪道 [M]. 长春：吉林文史出版社，2018.

[19] 刘大平、王岩. 哈尔滨新艺术建筑 [M]. 哈尔滨：哈尔滨工业大学出版社，2018.

[20] 刘大平、王岩. 中东铁路历史建筑构筑形态与技术 [M]. 哈尔滨：哈尔滨工业大学出版社，2018.

[21] 刘大平、卞秉利. 中东铁路沿线近代城镇规划与建筑形态研究 [M]. 哈尔滨：哈尔滨工业大学出版社，2018.

[22] 刘大平、李国友. 文化线路视野下的中东铁路文化解读 [M]. 哈尔滨：哈尔滨工业大学出版社，2018.

[23] 张柏春、方一兵. 中国工业遗产示例 [M]. 济南：山东科学技术出版社，2019.

[24] 刘大平、卞秉利、李琦. 中东铁路建筑文化遗产 [M]. 哈尔滨：哈尔滨工业大学出版社，2020.

图书在版编目(CIP)数据

中东铁路工业遗产建筑形态与构成研究/莫畏,王
新英著.—上海:上海人民出版社,2024
ISBN 978-7-208-18891-4

Ⅰ.①中⋯　Ⅱ.①莫⋯　②王⋯　Ⅲ.①铁路沿线-工
业建筑-文化遗产-研究-东北地区　Ⅳ.①K928.713

中国国家版本馆 CIP 数据核字(2024)第 085215 号

责任编辑　邵　冲　倪文君
封面设计　夏　芳

中东铁路工业遗产建筑形态与构成研究
莫　畏　王新英　著

出　　版　上海人民出版社
　　　　　(201101　上海市闵行区号景路 159 弄 C 座)
发　　行　上海人民出版社发行中心
印　　刷　上海商务联西印刷有限公司
开　　本　720×1000　1/16
印　　张　13.75
插　　页　2
字　　数　249,000
版　　次　2024 年 5 月第 1 版
印　　次　2024 年 5 月第 1 次印刷
ISBN 978-7-208-18891-4/K·3372
定　　价　88.00 元